Aljoscha Long & Ronald Schweppe

Füttere den weißen Wolf

Aljoscha Long & Ronald Schweppe

Füttere den weißen Wolf

Weisheitsgeschichten, die glücklich machen

KÖSEL

MIX
Papier | Fördert gute Waldnutzung
FSC® C014496

Penguin Random House Verlagsgruppe FSC® N001967

2. Auflage 2024

in der Penguin Random House Verlagsgruppe GmbH
Neumarkter Str. 28, 81673 München
Umschlaggestaltung: zero-media.net, München, nach einem Design von Weiss Werkstatt München
Umschlagmotiv: © jemasakusheva/Shutterstock.com
Illustrationen: © Lily Huang
Satz: Uhl + Massopust, Aalen
Druck: GGP Media GmbH, Pößneck
ISBN 978-3-466-34803-9
www.koesel.de

Inhalt

Jede Geschichte, die deine Gefühle berührt,
hat die Kraft, dich zu verändern
und dich wachsen zu lassen.

Vorwort zur aktualisierten Neuauflage

Vor rund sechs Jahren ist unser Buch *Füttere den weißen Wolf* im Kösel-Verlag erschienen und hat seither Tausende Leserinnen und Leser erreicht. Wir haben uns sehr über die vielen positiven Rezensionen und Zuschriften gefreut und darüber, dass wir mit »unserem« weißen Wolf so viele Menschen inspirieren konnten.

Nun haben wir uns dazu entschlossen, dem weißen Wolf eine erweiterte Neuauflage zu gönnen. Einerseits ist es uns wichtig, zusätzlich einige Themen zu behandeln, die in der ursprünglichen Version zu kurz gekommen sind. Andererseits ist unsere Welt nicht mehr die gleiche wie noch vor sechs Jahren: Die Corona-Pandemie und der Krieg im Herzen Europas haben eine weltweite Krise verursacht, die viele von uns sehr belastet. Immer mehr Menschen leiden unter Ängsten, Unsicherheit und Orientierungslosigkeit. Manche reagieren mit Hoffnungslosigkeit und Depressionen auf die beunruhigenden Entwicklungen. Andere suchen ein Ventil für ihre tiefen Ängste, indem sie sie in Aggression und Hass auf konstruierte »Schuldige« ummünzen. Die Spaltung in der Gesellschaft, die zu immer neuen Konflikten führt, nimmt zu.

So belastend das alles auch ist – äußerlich haben wir nur sehr wenig Möglichkeiten, die Dinge zum Besseren zu wenden. In uns selbst, im Bereich unserer Gedanken, unserer Gefühle und unserer Einstellung sind unsere Einflussmöglichkeiten jedoch sehr viel größer, als wir oft meinen. Indem wir unsere innere Haltung verändern, werden wir auch unser Handeln verändern. Auf diese Weise können wir Teil eines globalen Bewusstseinswandels sein und dazu beizutragen, dass Achtsamkeit und Mitgefühl unser aller Zukunft bestimmen und Heilung im Innen wie Außen stattfindet. In einer Zeit, in der der schwarze Wolf weltweit sein Unwesen treibt, ist es so wichtig wie nie zuvor, dass wir dem weißen Wolf unsere ganze Aufmerksamkeit schenken.

Der weiße Wolf ist ein Symbol für das Positive und Lichtvolle in unserem eigenen Herzen. In schwierigen Zeiten führt es zu nichts, den Kopf in den Sand zu stecken, wegzuschauen oder gar zu verzweifeln. Viel wesentlicher ist es, dass wir uns besinnen, innehalten und zur Ruhe kommen. *Jetzt* ist die Zeit, uns zu entscheiden. Wollen wir Angst, Gewalt, Neid und Gier in uns nähren oder stattdessen bewusst den weißen Wolf in uns füttern?

Auch wenn wir keine Hellseher sind, wissen wir bereits, wie du dich entschieden hast. Doch wie es dir gelingen kann, Tag für Tag Frieden, Achtsamkeit, Mitgefühl und Lebensfreude in dir zu kultivieren – genau darum wird es in diesem Buch gehen.

Noch ein Wort zum Begriff »weißer Wolf«: Ein paar Leser*innen sind darüber gestolpert, dass wir vom weißen und schwarzen Wolf sprechen – und haben sofort an »schwarze« und »weiße« Menschen und rassistische Vorurteile gedacht. Sie befürchteten, dass die Verbindung von »schwarz« und »böse« der seelischen Krankheit Rassismus Vorschub leisten könnte. Nun ist aber der »schwarze Wolf« eben nicht »das Böse«. Er ist das Dunkle, Unbekannte, Angsterzeugende *in uns*. Der »weiße Wolf« ist das in uns, das erleuchtet, klar und liebevoll ist. Die Nacht ist dunkel, der Tag ist hell. Wie auch immer unsere Haut getönt ist: Die Angst vor dem Dunklen, dem Schatten, dem Unbekannten teilen schwedische Albinos mit den dunkelhäutigsten Zentralafrikanern. Und in der Seele jedes Menschen gibt es sowohl einen weißen als auch schwarzen Wolf.

Selbstredend empfinden wir jede Form von Rassismus als abstoßend. Doch auch wenn Worte Einfluss haben und daher achtsam gewählt werden müssen, glauben wir, dass unsere Sprache nicht Rassisten überlassen werden darf. Daher sind die Wölfe ebenso wie in der alten, zugrundeliegenden Geschichte weiterhin schwarz und weiß. Sie sind nicht »böse« und »gut«. Die Buchstaben auf dem Papier sind schwarz und weiß. Menschen sind es nicht.

Wir wünschen dir viel Freude beim Lesen und hoffen, dass du in den Geschichten aus aller Welt viele motivierende Anregungen, Erkenntnisse und Inspirationen findest und in den Übungen Möglichkeiten entdeckst, Achtsamkeit, Freude und Güte konkret in dir weiterzuentwickeln.

Ronald Schweppe und Aljoscha Long
München 2023

Ich sind zwei – ein Hinweis in eigener Sache

Wie du siehst, stehen auf dem Cover zwei Autoren. Das soll auch so sein, da wir dieses Buch ja zu zweit geschrieben haben. Dennoch wirst du im Folgenden immer wieder einmal das Wort »ich« finden, denn auch wenn wir, wie bei unseren anderen Büchern, wieder eng zusammengearbeitet haben, so sind wir natürlich trotzdem zwei verschiedene Menschen mit unterschiedlichen Erfahrungen. Hinter jedes »ich« eine Klammer mit dem jeweiligen Namen zu setzen, sähe nicht schön aus und brächte dir auch keinen Nutzen. Wer jeweils mit »ich« gemeint ist, bleibt also offen. Macht aber nichts, denn das, was wir »ich« nennen, ist ohnehin sehr wandelbar, und das ist – wie du bald merken wirst – von unschätzbarem Vorteil ...

Die zwei Wölfe

(aus Amerika)

Unter dem weiten Sternenhimmel, unter dem Licht des Ahnenmondes, unter der Decke des Großen Geistes saßen Roter Hirsch, der Älteste des Volkes, und Kurzer Pfeil, der Sohn seines Enkels, am wärmenden Feuer. Es war die erste Lange Jagd Kurzen Pfeils gewesen; die Jagd, die ihn zum Mann machen sollte. Schweigend saßen sie eine Weile, lauschten der Stille und den eigenen Gedanken.

»Großvater«, begann der Junge zögerlich, »ich soll ein Jäger werden und ich habe mit deiner Hilfe nun meine erste Lange Jagd beendet. Doch die Ruhe will nicht in mein Herz einkehren. Heiter und fröhlich ging ich mit dir auf meine erste Jagd, doch bald war ich unruhig und traurig, weil ich keine Spuren fand. Als du sie mir zeigtest, wurde ich sogar wütend und vertrieb mit meinen lauten Worten das Büffelkalb, das wir sonst erlegt hätten. Am Morgen war mein Herz weit vor Freude über den Himmel, die Erde und den großen Fluss, doch am Nachmittag hasste ich die Sonne, die Menschen und mich selbst. Warum ist das so, Roter Hirsch, Vater meines Vaters Vater?«

Roter Hirsch sah in den Himmel hinauf, sah ins Feuer, sah in sein Herz. Nach langem Schweigen sprach er schließlich: »Seit Anbeginn der Welt, noch bevor der Coyote, der Trickreiche, durch die Prärie streifte, noch bevor unser Volk auf Pferden ritt, leben im Herzen eines jeden Menschen zwei Wölfe. Der eine ist weiß und strahlt wie die Mittagssonne, der andere ist schwarz wie die mondlose, wolkenverhangene Nacht. Erbittert kämpfen beide miteinander.«

»Kämpfen diese Wölfe denn auch in meinem Herzen?«, fragte Kurzer Pfeil und legte die Hand auf seine Brust.

»Ja, auch in deinem Herzen«, nickte der Alte. »Auch in meinem Herzen, auch in dem deiner Schwestern und Brüder, deines Vaters und deiner Mutter. Sie leben und kämpfen im Herzen eines jeden Menschen. Doch die Wölfe unterscheiden sich nicht nur in der Farbe ihres Fells. Der schwarze Wolf fletscht die Zähne, er droht und knurrt und beißt, er ist ängstlich, rachsüchtig, grausam und gierig. Der weiße Wolf aber ist klug, sanft und liebevoll. Er liebt die Menschen und ist gütig und weise.«

Kurzer Pfeil sah lange in die Glut des erlöschenden Feuers. Schließlich fragte er leise: »Wird aber nicht der schwarze Wolf den weißen töten? Ist nicht im Kampf der Wütende dem Sanften überlegen? Und was geschieht, wenn der schwarze Wolf den weißen Wolf besiegt hat?«

»Kurzer Pfeil, denk nach: Kannst du den großen Helden Tamahanaka besiegen, nur weil du voll Wut bist?«

»Nein. Es kommt auf die Stärke und das Können an. Aber welcher Wolf ist nun der stärkere? Welcher wird den Kampf gewinnen?«

»Der, den du fütterst«, antwortete der Alte.

Fütterungsempfehlungen für den weißen Wolf

Die Geschichte von den beiden Wölfen zeigt, dass Glück vor allem eine Frage der Entscheidung ist. Und da das so ungeheuer wichtig ist, schreiben wir es hier lieber gleich noch einmal hin, schwarz auf weiß:

Dein Glück ist deine Entscheidung!

Sicher ist die Entscheidung oft nicht gerade leicht, aber doch sehr viel öfter, als du wahrscheinlich glaubst. Denn sogar dann, wenn wirklich schlimme Dinge passieren und dir das Schicksal übel mitspielt, hast du doch immer noch eine Wahl. Und wenn du uns fragst, ist das allemal besser, als keine zu haben: Wer die Wahl hat, hat nämlich nicht nur die Qual, sondern auch die Freiheit – und nur darauf kommt es an. Denn die Freiheit gehört zum erfüllten Mensch-Sein.

Welchen Wolf wirst du in deinem Herzen füttern? Der schwarze ist voller Unruhe, Angst und Wut, er regt sich leicht auf und wird schnell neidisch. Der weiße Wolf ist das genaue Gegenteil: Er bleibt auch in schwierigen Situationen gelassen, ist entspannt, heiter und voller Lebensfreude.

Natürlich variieren die Kräfteverhältnisse. Mal ist der eine stärker, dann wieder der andere. Manche Menschen tragen von Haus aus einen riesigen schwarzen Wolf mit sich herum, während andere ihren kaum bemerken, weil er winzig ist. Doch über kurz oder lang wird immer der Wolf gewinnen, um den du dich besser kümmerst.

Die Entscheidung liegt tatsächlich ganz bei dir: Fütterst du deine Sorgen, Ängste und Selbstzweifel, so werden diese mit der Zeit immer stärker. Wenn du hingegen positive Gedanken und Gefühle in dir nährst, dann werden die negativen mit der Zeit von selbst verschwinden. Da du dieses Buch in den Händen hältst, denken wir mal, dass du dich für letztere Möglichkeit entschieden hast. Und so fragt sich eigentlich nur noch, *wie* du den weißen Wolf füttern kannst, denn es ist ja klar, dass ein saftiges Steak dir hier nicht weiterhelfen wird.

In freier Wildbahn können Wölfe viele Tage ohne Futter überleben. Auch in Zoos oder Wildparks werden sie oft nur alle zwei bis drei Tage gefüttert. Doch was den weißen Wolf in deinem Herzen betrifft, der frisst lieber jeden Tag viele kleine Häppchen. Und genau diese Häppchen wirst du in diesem Buch finden: Da sind zum einen Geschichten und Märchen, die dich inspirieren können. Zum anderen findest du Meditationen: einfache mentale Übungen und kleine Achtsamkeitsexperimente, die du jederzeit anwenden kannst. Schließlich wirst du noch Kapitel mit Gedanken und Reflexionen finden, die ebenfalls dabei helfen, den weißen Wolf in dir groß und stark werden zu lassen.

Du kannst das Positive in dir jederzeit und überall nähren. Es gibt keine Regeln, wie du mit den Geschichten und Methoden in diesem Buch umgehen musst oder solltest. Eines aber möchte ich dir doch empfehlen: dass du den weißen Wolf, der in deinem Herzen wohnt, nie vergisst und ihn nicht verhungern lässt.

Schöne bunte Farben für ein schönes buntes Leben

Vor vielen Jahren erzählte mir eine befreundete Yogalehrerin bei einer Tasse grünem Tee von einem interessanten Experiment. Es legt nahe, dass es unter den Menschen zwei »Grundtypen« gibt.

Die Versuchsteilnehmer wurden aufgefordert, ein Hotelzimmer zu betreten und sich kurz umzusehen. Es handelte sich um ein ganz normales deutsches Hotelzimmer der Mittelklasse. Anschließend wurden alle Teilnehmer gebeten, stichpunktartig ihre Eindrücke zu notieren. Der eine Teil der Gruppe freute sich über die großen Fenster und den tollen Ausblick auf einen nahe gelegenen See. Sie empfanden das Zimmer als hell und freundlich, und ihre Aufmerksamkeit fiel schnell auf das gemütliche Sofa in der Ecke, das dem Raum ihrer Ansicht nach zusammen mit dem alten, stilvollen Parkettboden eine heimelige Atmosphäre verlieh.

Den anderen fiel sofort der kaputte Lampenschirm auf, und sie merkten an, dass die Fenster nicht ordentlich geputzt waren. Fast alle Teilnehmer der »Negativgruppe« fanden, dass das Sofa abgenutzt und schmuddelig wirkte, und einigen fielen die zahlreichen Kratzer im Holzboden auf. Viele bemängelten zudem, dass es im Zimmer weder Fernseher noch Minibar gab.

Während also ein Teil der Versuchsteilnehmer das Zimmer mäßig oder bestenfalls ganz okay fand (übrigens der deutlich größere Teil), fanden die anderen es sehr gemütlich und ansprechend und wären gerne für ein paar Nächte geblieben.

Wie kann das sein? Es war doch ein und dasselbe Zimmer. Hatte der eine Teil der »Hotelgäste« eine rosa Brille auf, während die anderen die Dinge realistisch sahen? Oder waren die Miesepeter und -petras umgekehrt diejenigen, die die Realität nicht sehen konnten?

Die Antwort ist einfach: Keiner hat hier recht oder unrecht. Ob etwas als schön oder schmuddelig empfunden wird, liegt eben im Auge des Betrachters. Die Binsenweisheit, wonach das halb gefüllte Glas Wein abhängig von der Perspektive halb voll oder halb leer ist, ist zwar reichlich abgenutzt, stimmen tut sie aber trotzdem. Das Sofa jedenfalls kann nichts dafür, ob wir es als gemütlich oder als alt und abgenutzt wahrnehmen; es steht einfach nur unschuldig in der Ecke, für alle Interpretationen offen.

Es gibt einen alten Vers, dessen Verfasser anonym ist:

»Zwei Männer saßen einst für lange Zeit in einer Zell' gefangen,
der eine sah auf Straßenstaub, der andre Sterne prangen.«

Was hat das alles mit dem weißen Wolf zu tun? Ganz einfach: Ob du ein glückliches, zufriedenes und sinnvolles Leben führen kannst oder nicht, das hat gar nicht so viel mit den äußeren Dingen und Umständen zu tun. Vielmehr ist die Frage, wie du diese Dinge und Umstände interpretierst. Und das wiederum hängt nicht so sehr von der Tönung deiner Brillengläser, sondern vor allem davon ab, auf was du deinen Blick wirfst; oder um ein etwas aus der Mode geratenes Wort zu verwenden: Es ist deine *Ausrichtung*, die entscheidet.

- Worauf hast du deinen Geist und dein Herz ausgerichtet?
- Worauf lenkst du deinen Blick? Zum Beispiel dann, wenn du einen Raum betrittst, einen Menschen triffst oder ein neues Restaurant ausprobierst.
- Was hast du »auf dem Schirm«?

Die eigensinnige Gärtnerin

(aus Frankreich)

Der Garten der alten Wirtin sah eigentümlich aus. Auf der sonnenabgewandten Seite des Hauses wucherte Unkraut; vorn, an der sonnenzugewandten Seite wuchsen Blumen. Das war aber nicht das Eigentümliche, sondern dies: Das Unkraut gedieh prachtvoll, es wucherte und stand voll im Saft; der Blumengarten hingegen bot einen traurigen Anblick. Die wenigen Blumen sahen kraftlos aus und ließen die Köpfe hängen.

Endlich überwand ein Nachbar seine Scheu; seine Neugierde wurde zu stark. Als er der Alten begegnete, fragte er daher: »Liebe Frau Wirtin, verzeiht mir bitte, wenn ich frage. Aber sagt mir doch einmal, wie kann es eigentlich sein, dass in Eurem hinteren Garten das Unkraut so kraftvoll wuchert, aber die schönen Blumenbeete in Eurem Vorgarten brach liegen und welken?«

Die Wirtin sah ihren Nachbarn an und nickte traurig. »Ja, mit Eurer Beobachtung habt Ihr wohl recht, Herr Nachbar. Es ist traurig, aber wahr: Täglich gieße ich meinen Garten, aber das Wasser reicht nicht aus. Mit zwei großen Eimern Wasser trete ich durch die Hintertür in den Garten, aber nachdem ich die Rückseite gewässert habe, bleibt für die Blumenbeete nichts übrig, und dann bin ich zu erschöpft, um die Eimer erneut zu füllen.«

Meditation: Was übersehe ich gerade?

Manchmal verbringen wir ganze Tage wie in einem Tunnel. Unser Blick wird dabei sehr einseitig und ist fast ausschließlich auf die negativen Seiten unseres Lebens fixiert. Statt uns über das Blumenbeet am Straßenrand zu freuen, marschieren wir fest entschlossen auf das Unkraut zu.

Jedes Mal, wenn du dir Sorgen machst, dass etwas passieren könnte, was du auf keinen Fall willst, oder dass du das, was du so gerne hättest, nicht bekommen wirst, gießt du das Unkraut in deinem Garten. Wann immer du in endlosen Schleifen über Probleme nachgrübelst, frustriert oder verängstigt bist oder wenn dein Geist verwirrt und zerstreut ist, dann bist du nicht »voll da«. Dann siehst du nur eine Seite, nur eine Möglichkeit, und dein Leben wird eng und einseitig. Na gut – vielleicht nicht gleich dein ganzes Leben, aber es reicht schon, dass du immer wieder wertvolle Lebenszeit verschwendest, nur weil du durch die Sorgenbrille schaust.

Die folgende kleine Meditation ist eine Art »Achtsamkeits-Turboübung«. Mit einer simplen Frage erweiterst du deinen Horizont schlagartig. Dein Blick weitet sich und du schaltest den Strahl deines Bewusstseins von Taschenlampe auf Flutlicht um. Manchmal ist die Wirkung so intensiv, als breche die Sonne an einem düsteren Tag durch die Wolken. Und ganz egal, ob du auf dem Sofa, im Auto oder im Konferenzraum sitzt, du kannst diese Meditation überall ausführen.

Hier die Kurzanleitung:

Atme zunächst einmal tief durch: Atme tief ein und dann ganz tief aus. Um bewusst aus Gedankenschleifen, Sorgen, Grübeln, Ärger usw. auszubrechen, sagst du dir innerlich »Stopp!«.

Und jetzt – halte kurz inne, schau dich um und stelle dir folgende Frage: *Was ist in diesem Moment noch da?*

Ich empfehle dir, nun schrittweise vorzugehen:

1. Lenke deine Achtsamkeit auf das Sehen. Was siehst du gerade? Finde mindestens fünf Dinge, die du sehen kannst.
2. Lenke deine Achtsamkeit auf das Hören: Was hörst du in diesem Augenblick? Finde mindestens drei Geräusche oder Klänge, die dir gerade zu Ohren kommen.
3. Richte deine Achtsamkeit nun auf deinen Körper: Was spürst du gerade? Versuche, mindestens drei Körperempfindungen zu registrieren.

Wiederhole die Punkte 1 bis 3 dann noch ein- oder besser zweimal.

Das war's schon. Nun kannst du dich wieder deinem Alltag widmen. Solltest du aber bemerken, dass du schon bald wieder auf das Unkraut zusteuerst, dann wiederhole den ganzen Zyklus einfach noch einmal.

Und hier noch ein paar konkretere Hinweise:

Wenn du irgendwann während des Tages bemerkst, dass deine Gedanken in eine Richtung abschweifen, die dich runterzieht – wenn du dich zum Beispiel über einen vergangenen Streit ärgerst, dir Sorgen wegen eines unangenehmen Termins machst, an dir selbst zweifelst oder über Probleme nachgrübelst –, dann solltest du dich fragen, was abgesehen von diesen Gedanken und Gefühlen eigentlich *noch* da ist.

Denke kurz »Stopp!«, atme tief durch und wende dich dem zu, was in diesem Augenblick in der wirklichen Welt in dir und um dich herum passiert.

Zuerst frage dich: »Was sehe ich?« Denk aber nicht lange nach – schau dich einfach um. Ganz egal, ob du den Himmel, ein Auto, einen Menschen oder Bäume siehst – öffne einfach deinen Blick für das, was da ist. Verweile kurz bei dem, was du siehst. Schau etwas genauer hin als sonst, aber nicht, um es zu bewerten oder zu verurteilen, sondern einfach nur, um die Farben und Formen, also das wirklich Sichtbare, besser wahrnehmen zu können. Mache innerlich ein paar Schnappschüsse von deiner Umgebung.

Konzentriere dich jetzt auf das Hören: »Was höre ich?« Ob du Motorengeräusche, Vogelgezwitscher, Geräusche im Haus oder Stimmen hörst, ist dabei ganz unwichtig. Lausche dem Klang, tauche kurz, aber tief in das Hören ein.

Und nun zur letzten Frage: »Was fühle ich gerade in meinem Körper?« Achte auf Körperempfindungen, die stark genug sind, dass sie dir im Moment bewusst werden. Vielleicht kannst du Anspannungen im Rücken, ein Kribbeln in den Füßen, Wärme in den Händen oder die Entspannung im Bauch spüren. Was es auch sei – verändere nichts. Nimm einfach nur achtsam wahr, was gerade spürbar ist – und was immer es ist: bewerte es nicht, lass es einfach sein, so wie es im Moment ist.

Mit zwei bis drei Durchgängen wird es dir normalerweise gelingen, das Gedankenkarussell anzuhalten und wieder entspannt im Hier und Jetzt zu landen. Das klappt zwar nicht immer, aber doch sehr oft – und übrigens umso öfter, je öfter du diese »Aufwachübung« einsetzt. Dann verändert diese einfache Methode nicht nur diesen Augenblick, sondern auch den darauf folgenden und den darauf folgenden …

Der König und der Holzsammler

(aus Spanien)

Eines Tages beschloss der König, sich als reisender Kaufmann zu verkleiden, um sich im Volk umzuhören, damit er besser regieren könne, denn er war ein weiser und gütiger König. Er traf auf Geizkrägen und Betrüger, auf Großherzige und Rechtschaffene, auf Arme und Reiche, auf Kluge und Dumme. Nachdenklich geworden, machte sich der König auf die Heimreise.

Da kam er an eine Hütte im Wald, in der ein armer Holzsammler mit seiner Familie wohnte. Der König, der als reisender Kaufmann gekleidet war, bat um ein Bett für die Nacht, und es wurde ihm gerne gewährt. Abends saß er mit dem armen Holzsammler vor der Hütte. Der holte ein wenig Brot, Wein und Käse aus der Speisekammer und sie sprachen lange miteinander. Der König stellte fest, dass der Holzsammler ein kluger und gebildeter Mann war, und er wunderte sich, dass er in solcher Armut lebte. Und so fragte er ihn, wie er denn seinen Tag verbringe.

»Nun«, antwortete der Holzsammler. »Das ist schnell erzählt. Ich gehe morgens in den Wald und sammle eine große Kiepe Holz. Dafür bekomme ich ein paar kleine Münzen und kann Brot, Wein und Käse kaufen. Dann spiele ich mit meinem Sohn, wir besuchen Freunde, trinken ein Gläschen Wein und singen gemeinsam, und wenn die Sonne schön warm scheint, sitze ich vor dem Haus und lese ein bisschen. Und abends liebe ich meine Frau.«

Der König runzelte die Stirn. »Aber warum gehst du nicht noch einmal in den Wald und sammelst mehr Holz?«

»Warum denn das?«, fragte der Holzsammler erstaunt.

»Nun sieh: Dann bekommst du mehr Geld. Und dieses zusätzliche Geld kannst du sparen. Dann kannst du einen Gehilfen anstellen und verdienst noch mehr. Wenn du genug verdient hast, kannst du ein Haus in der Stadt beziehen und das Brennholz von Holzsammlern ankaufen und teurer verkaufen, und schließlich wirst du ein reicher Kaufmann sein, der vielleicht sogar mit dem Königshaus handelt und wer weiß? möglicherweise vom König als Hoflieferant bestallt!«

Der Holzsammler schloss kurz die Augen und dachte angestrengt nach. Dann schüttelte er den Kopf und sagte: »Ich verstehe Euch nicht, lieber Herr.«

»Nun«, sagte der König etwas unwirsch. »Das ist doch klar. Du kannst doch ganz leicht eine hohe Stellung erreichen. Und hast du das – ja, dann kannst du tun, was du willst! Dann kannst du alles kaufen, hast Zeit mit deinem Sohn zu spielen, deine Freunde zu besuchen, ein Gläschen Wein zu trinken, und wenn die Sonne schön warm scheint, kannst du in deinem Garten sitzen und lesen. Und abends liebst du deine Frau.«

Da lächelte der arme Holzsammler, klopfte dem König freundschaftlich auf die Schulter und sprach: »Mein Lieber, ich glaube du hast schon ein Gläschen Wein zu viel getrunken. Geh besser zu Bett.«

Als der König des Morgens aufbrach, hatte er ein großes Lächeln auf dem Gesicht, denn er wusste jetzt, was wahrer Reichtum ist.

Meditation: Nichts tun für Anfänger

Wann hast du das letzte Mal gar nichts getan? Ich meine jetzt nicht, wann du auf dem Sofa ferngesehen, gelesen oder Musik gehört hast, sondern wann du wirklich *überhaupt nichts* gemacht hast?

Man sollte ja meinen, dass es nichts Leichteres gäbe, als einfach nur nichts zu tun. Allerdings habe ich festgestellt, dass das ganz und gar nicht einfach ist. Manchmal ist es im Alltagstrubel schon schwer genug, überhaupt mal eine Pause einzulegen. Aber selbst wenn das klappt, werden die Pausen meist »genutzt«, um etwas zu lesen, zu telefonieren, sich mit Leuten zu unterhalten, Kaffee zu trinken oder eine Zigarette zu rauchen.

Ebenso wie dem Holzsammler fällt es Kindern und Verliebten leicht, einfach nur zu sein und den Wolken beim Schweben zuzuschauen. Alle anderen sind in der Kunst des Nichtstuns jedoch weitaus weniger begabt. Viele von uns verhalten sich, als würden ihre Akkus ewig halten. Das ist bedauerlich, denn erstens halten die Akkus nicht wirklich ewig, was wir leider erst merken, wenn wir seelisch oder körperlich krank werden; und zweitens hindert uns die ständige Geschäftigkeit daran, öfter einmal vom Tun- in den Seinsmodus umzuschalten.

Der französische Mathematiker und Philosoph Blaise Pascal schrieb schon vor über 350 Jahren in seinen *Pensées*, dass alles Unglück der Menschen nur von einem Einzigen herrührt, nämlich davon, dass sie es nicht vermögen, ruhig in ihrem Zimmer zu verweilen. Natürlich musst du aber gar nicht in deinem Zimmer bleiben, denn Nichtstun klappt auch im Wald, am Strand, im Zug oder auf einer Parkbank ganz hervorragend. Die »Technik« ist einfach. Nimm dir einige Minuten Zeit, in denen du absolut nichts tust:

- Schalte dein Telefon, Handy oder Smartphone ab.
- Rede nicht und vertiefe dich möglichst auch nicht in innere Selbstgespräche.
- Schau nicht fern, lass den Computer ausgeschaltet.
- Lies nicht – auch keine SMS oder WhatsApp-Nachrichten.
- Höre keine Musik.
- Entspanne dich, ruhe deinen Körper aus. Wenn du willst, kannst du natürlich auch die Augen schließen.
- Sieh dir keinen inneren Film an.
- Genieße es, einmal gar nichts zu tun.

Schwarze Wölfe lieben Stress

Statt nach immer mehr zu streben, kannst du ebenso gut entspannt und in Muße leben – so wie der Holzsammler in der Geschichte mit dem König. Auf ein Schloss und eine Segelyacht musst du dann zwar wahrscheinlich verzichten, dafür gewinnst du etwas sehr viel Wertvolleres: ein Leben ohne Stress.

Schwarze Wölfe lieben Stress. Wenn du gestresst bist, wirst du schnell wütend, ungeduldig, unzufrieden oder frustriert. Und je öfter du in die Abwärtsspirale aus negativen Emotionen stürzt, desto wohlgenährter und kräftiger wird der schwarze Wolf in deinem Herzen.

Stress ist ein kompliziertes Phänomen. Sperrige Definitionen beschreiben etwa, dass unter Stress »die durch spezifische äußere Reize, sogenannte Stressoren, hervorgerufenen physischen und psychischen Reaktionen« zu verstehen sind, »die Lebewesen zur Bewältigung besonderer Anforderungen befähigen«. Dabei spielen dann Stimulus-, Reaktions-, Transaktions- und Diskrepanzkonzepte eine

Rolle. Alles klar? Wenn nicht, ist das auch egal, denn im Grunde wissen wir doch alle ganz genau, was es heißt, gestresst zu sein.

Neulich hatte ich es mal wieder eilig. Ich musste von München nach Ulm und bin zu spät losgefahren, was mir öfter passiert. Hätte ich mir die Verkehrsmeldungen vorher angeschaut, dann hätte ich von der Baustelle und dem Staurisiko erfahren. Mein Versäumnis wurde mir bewusst, als ich schließlich in einem endlosen Stau stand und mit knirschenden Zähnen auf dem Autositz herumrutschte, während ich darüber nachdachte, welch »entsetzliche« Folgen meine Verspätung wohl auf den vereinbarten Termin, meine Geschäftsbeziehungen und meine ganze weitere Zukunft haben würde. Irgendwann wurde mir klar, dass ich ziemlich gestresst war. Einige tiefe und langsame Atemzüge und die Einsicht, dass wir das, was ohnehin nicht zu ändern ist, möglichst schnell loslassen sollten, haben mir jedoch geholfen, wieder zur Ruhe zu kommen. Um Stress zu reduzieren, ist es also nicht nötig, Theorien über stressbedingte vegetative Wirkungsketten oder das Nebennierenhormon Adrenalin zu kennen. Für den Alltagsgebrauch gibt es eine ganz einfache Stresstheorie: *Stress tritt immer dann auf, wenn wir auf eine Situation mit Anspannung reagieren.*

Es ist ja offensichtlich: Wenn du gestresst bist, bist du nicht entspannt, sondern angespannt. Du kannst nicht loslassen, sondern hältst an irgendetwas fest. Und statt »Ja« zur Situation zu sagen, sagst du »Nein«. Kurzum: Stressprobleme sind immer Spannungsprobleme.

Weniger Stress heißt automatisch weniger Nahrung für den schwarzen Wolf. Doch wie kannst du lernen, möglichst stressfrei zu leben? Da gibt es bekanntlich viele Möglichkeiten: Yoga, körperliche Bewegung, Muskelentspannung, Sauna, eine gesunde Ernährung, ein gutes Zeitmanagement usw. Doch letztlich besteht die wirkungsvollste Methode einfach darin, immer wieder loszulassen und gelassen zu werden. Ob du loslassen kannst und ob es dir gelingt, auch schwierigen Situationen mit Gelassenheit zu begegnen, ist keine Frage der Veranlagung oder des Zufalls. Denn Ruhe, Zufriedenheit und sogar Glück sind vor allem Übungssache. Und »Nichtstun« ist doch schon einmal eine schöne Möglichkeit, das Loslassen zu üben.

Die drei Ziegen

(aus Schweden)

Drei Ziegen lebten auf einer Lichtung im tiefen Wald. Sie hatten genug zu essen, doch es gab nicht viel Abwechslung. Mit der Zeit wurden zwei der Ziegen unzufrieden. »Wir wollen nicht immer die gleichen Kräuter fressen. Dort draußen, jenseits des Waldes, sollen saftige Weiden sein – lasst uns diese Weiden suchen!«

»Ja!«, rief die eine Ziege. »Ich bin dabei.«

»Nein!«, rief die andere. »Mögen die Wiesen auch saftig sein – hier gefällt es mir. Es fehlt mir an nichts und ich habe ein gutes Leben.«

So machten sich denn die zwei Ziegen auf den Weg. Der Weg durch den Wald war mühsam und gefahrvoll, und beinahe wären sie, anstatt besser zur fressen, selbst von einem Bären gefressen worden. Doch schließlich erreichten sie den Waldrand, wenn auch erschöpft und von Dornen zerkratzt: Und tatsächlich lag eine weite, saftige Wiese vor ihnen, auf die sie sogleich losstürzten und zu fressen begannen.

Nach einigen Tagen sprach die erste Ziege: »Dort, jenseits dieser großen Wiese, soll eine noch wunderbarere Weide liegen – geschützt vor allen Gefahren, mit auserlesenen Leckereien und frischestem Quellwasser. Lass uns doch diese Weide suchen!«

»Nein!«, rief die andere. »Möge die Weide auch köstlich sein – hier gefällt es mir, es fehlt mir an nichts und ich habe ein gutes Leben.«

So machte sich denn die unzufriedene Ziege allein auf den Weg. Er führte über einen reißenden Fluss und durch einen gefährlichen Sumpf. Trotz aller Gefahren kam sie schließlich tatsächlich auf die wunderbare

Weide. Sie freute sich unbändig. Nach einer Weile jedoch fand sie heraus, was es mit dieser Weide auf sich hatte: Menschen hielten dort Ziegen, Schafe und Kühe, um sie, wenn sie erst einmal wohlgenährt waren, zu schlachten und aufzuessen. Als die Ziege dies erkannte, bekam sie große Angst und wollte fliehen. Doch um die Weide herum stand ein Zaun, der nun plötzlich geschlossen war.

Die Ziege war nicht dumm und fürchtete sich sehr, und so gelang es ihr schließlich, auf das Dach eines Schuppens zu klettern und über den Zaun zu springen. Sie floh durch den Sumpf und über den reißenden Fluss, zurück zur saftigen Wiese. Dort traf sie ihre frühere Gefährtin und berichtete ihr noch ganz außer Atem von dem Abenteuer, das sie erlebt hatte. »Und so bin ich hierher zurückgekommen, wo es auch schön ist und wir ein gutes Leben haben«, keuchte sie.

Die andere Ziege sprach: »Täusche dich nicht. Auch hier ist es gefährlich. Viele Tiere kommen hierher, um zu fressen. Manche dieser Tiere fressen Ziegen. Und einmal in der Woche kommt sogar ein Jäger ... Nein, mich hält es nicht mehr hier. Lass uns schnell zurück in den Wald ziehen!«

»Ja!«, rief die andere Ziege. »Lass uns sogleich aufbrechen.«

Und so gingen sie den mühsamen und gefahrvollen Weg durch den Wald zurück. Struppig und mager kamen sie schließlich auf ihre alte Lichtung, wo sie sich erst einmal satt aßen.

»Ja, hier gefällt es uns. Es fehlt uns an nichts und wir haben ein gutes Leben«, riefen die drei Ziegen und waren sich wieder vollkommen einig.

Das Geheimnis der Zufriedenheit

Unzufriedenheit erzeugt innere Anspannung. Die Botschaft, die immer mitschwingt, wenn wir mit irgendetwas unzufrieden sind, lautet: »Das, was ist, ist nicht (gut) genug!« Ob die Lichtung im Wald, wie in der Geschichte von den drei Ziegen, ob unsere Wohnung, der Partner, die Kinder oder das Gehalt – sie scheinen einfach nicht okay zu sein, so wie sie sind. Doch eins ist auch klar: Solange wir unseren Blick auf das richten, was uns *fehlt*, empfinden wir einen Mangel. Und mit einem Gefühl von Mangel, mit Hunger im Bauch oder in der Seele, ist es unmöglich, glücklich zu sein.

Seit Jahren beobachte ich unseren reichen Nachbarn, der schräg gegenüber in einer sehr großen und zweifellos auch sehr teuren Villa wohnt. Er liebt Luxusautos, oder besser gesagt: Er *braucht* sie geradezu. Er wechselt seine Statussymbole, denn von Fortbewegungsmitteln reden wir hier natürlich nicht, öfter als die meisten ihre Zahnbürste. Komisch ist nur, dass ich den Mann noch niemals habe lächeln sehen. Wirklich noch nie! Im Gegenteil: Er wirkt immer mürrisch und scheint es ständig eilig zu haben.

- Was brauchst du, um zufrieden zu sein?
- Was muss alles »stimmen«, damit du innerlich Frieden erfahren kannst?

Je mehr du äußeren Zielen hinterherjagst, desto größer ist die Gefahr, dass du dein Glück von Bedingungen abhängig machst, die nicht zu erfüllen sind. Wirst du wirklich dauerhaft glücklicher sein, wenn deine Wünsche in Erfüllung gehen? Oder hinterlässt die Befriedigung des Wunsches nur eine große Leere, die dann erneut gefüllt werden muss?

Der Kreislauf aus Lust, Gier, Sättigung und erneuter Leere endet nie. Das erfahren Alkoholkranke, Spielsüchtige oder »Stressesser« besonders eindringlich. Aber im Grunde weiß jeder von uns, wie sich der Wunsch nach immer mehr anfühlt. Unzufriedenheit führt schnell zur Unersättlichkeit. Sie zerstört nicht nur unseren Seelenfrieden, sondern auch unsere Beziehungen. Und wenn wir das noch etwas weiter denken wollen, letztlich sogar unseren Planeten.

Es gibt *immer* Möglichkeiten, unzufrieden zu sein. Und es gibt *immer* Möglichkeiten, zufrieden zu sein. Manchmal läuft es für uns richtig gut, zu anderen Zeiten scheint alles schiefzugehen – doch was auch immer passiert: Ob wir unzufrieden werden oder nicht, bleibt unsere Sache, denn Unzufriedenheit ist eine geistige Reaktion, eine Frage der Perspektive.

Im Zen-Buddhismus gibt es eine einfache Zufriedenheitsübung. Ich nenne sie »Gut genug für mich«. Die Methode besteht darin, keine Bedingungen mehr an Äußerlichkeiten zu stellen. Komfort und Luxus sind wunderbar, aber wenn die Situation einmal so ganz und gar nicht unseren Erwartungen entspricht, sollte das auch in Ordnung für uns sein. Das Leben ist wie das Wetter, es macht, was es will. Du kannst jammern, dich ärgern, andere beschuldigen oder auf andere Weise den schwarzen Wolf füttern. Oder du kannst lächeln und denken: »Gut genug für mich.«

Es gibt viele Gelegenheiten, diese Gelassenheitsübung auszuprobieren und auch in Situationen, zu denen wir spontan innerlich »Nein« sagen würden, zu einem entspannten »Ja« zu finden. Vielleicht ist das Bett im Hotel zu hart, die Straße zu laut, dein Kollege ein Besserwisser und dein Partner total anstrengend. Vielleicht musst du drei Blocks weiterfahren, um einen Parkplatz zu bekommen, oder die Schokocroissants beim Bäcker sind ausverkauft. Und vielleicht beginnt es zu regnen, während du spazieren gehst. Was soll's. Du kannst es nicht ändern. Aber du kannst dir sagen: »Gut genug für mich – es passt schon so, wie es ist.«

Mit der Bedürfnislosigkeit müssen wir es ja nicht so weit treiben wie Diogenes in seiner Tonne. Alles, was er besaß, war eine Schale, mit der er Wasser schöpfte. Doch als er ein Kind sah, das aus der Hand trank, warf er seine Schale weg, schüttelte den Kopf und sagte: »Wie zahlreich sind doch die Dinge, derer ich nicht bedarf!«

Dass weniger oft mehr ist, spüren die meisten von uns auch so. Seit einiger Zeit gibt es eine neue Bewegung – den Minimalismus. Bei dieser Lebensweise wird auf alles Überflüssige verzichtet. Minimalisten sehnen sich danach, ihren Kopf wieder frei zu kriegen und mit deutlich weniger Gepäck durchs Leben zu gehen. Und das ist ja auch schlau. Der römische Philosoph Seneca schrieb dazu, dass nur der wirklich reich wäre, der arm an Begierden sei. Von Seneca wussten die beiden unzufriedenen Ziegen aus der Geschichte freilich nichts, sonst hätten sie sich die beschwerliche Reise erspart; andererseits wäre es dann ja auch keine Geschichte geworden ...

Die Jade-Schlange

(aus China)

Vor langer, langer Zeit lebten in einer Stadt zwei Menschen. Der eine hieß Li und der andere Chang. Li und Chang waren die besten Freunde. Und doch nimmt das Leben seinen Lauf und vergeht, und der Tod fragt nicht nach unseren Wünschen. Und so geschah es, dass Chang eines Tages schwer krank wurde, dahinsiechte und schließlich starb.

Sein Freund Li trauerte um ihn, seine Söhne und Töchter trauerten, und viele Menschen besuchten täglich seine Grabstätte und verbrannten Papiergeld, damit es Chang im Jenseits gut ergehen möge. Es war wirklich sehr viel Geld, und so ließ sich der Herr der Unterwelt schließlich erweichen und schickte Chang als göttlichen Vertreter und Beschützer der Stadt in den Himmelstempel.

Die Zeit ging dahin, und es kam schließlich der Tag, da auch Li dieser Welt Lebewohl sagen musste. Li entledigte sich seiner irdischen Hülle und eilte sofort in den Himmelstempel. Dort traf er auf seinen alten Freund Chang und beide waren voller Freude, sich nach so langer Zeit wieder zu begegnen. Li verbrachte einige Zeit bei Chang im Tempel, und schließlich entschied Chang, dass sein alter Freund Li in der Welt wiedergeboren werden sollte.

»Wenn du beschließt, dass es an der Zeit ist, dass ich gehe, so werde ich mich deinem Wunsch nicht widersetzen«, sprach Li. »Doch wir sind alte Freunde, und ich bitte dich, mich als etwas Besseres auf die Welt zurückzuschicken.«

»Aber selbstverständlich«, erwiderte Chang, der Gott und Beschüt-

zer der Stadt, »sag mir nur, in welcher Form du wiedergeboren werden möchtest.«

Li senkte den Kopf. »Nimm es mir nicht übel, aber dürfte ich dich bitten, mir vier Wünsche zu erfüllen?« Und noch bevor Chang ein Wort sagen konnte, zählte Li seine Wünsche auf:

»Erstens möchte ich mein neues Leben in den Bergen verbringen,

zweitens möchte ich viele Geschwister haben,

drittens möchte ich eine gute und schöne Frau bekommen, die mir viele Kinder schenkt,

und viertens möchte ich, dass ich es ebenso weit bringe wie mein Vater, der doch ein hoher Beamter ist.«

Chang sah seinen alten Freund ein wenig missmutig an und runzelte die Stirn. »Du verlangst sehr viel«, brummte er. »Ich werde dir nicht alle deine Wünsche erfüllen können – ich bin ja nur der göttliche Vertreter und Beschützer der Stadt.«

»Wenn du mir meine Wünsche nicht erfüllen kannst«, seufzte Li, »dann lass mich doch zumindest in die Schatzkammer des Himmelstempels. Ich werde mir irgendein Gewand auswählen: Und du gibst mir die Gestalt desjenigen, dessen Gewand ich wähle.«

Der göttliche Vertreter Chang wiegte den Kopf. »Nun ja, das ginge wohl«, sprach er. »Doch ich ermahne dich: Wähle weise!« Und er öffnete Li die Schatzkammer des Tempels.

Li gingen die Augen über vor Staunen. Welch herrliche Gewänder es hier gab. In allen Farben, Formen, Stoffen, mit Perlen und Gold und Edelsteinen besetzt ... Li konnte sich nicht sattsehen. Stundenlang wühlte er in dem Berg von Kleidern herum, bis er schließlich auf ein Gewand stieß, das in seinen Augen das allerschönste war, so prachtvoll glitzerte und funkelte es. Ganz besonders gefiel ihm der kostbare Gürtel aus durchsichtiger Jade, der dazugehörte.

»Das ist genau das richtige Gewand für mich!«, jubelte Li. Doch er dachte sich: »Dieses Gewand muss einem großen Herrscher, vielleicht *sogar dem Kaiser selbst gehört haben. Besser ich nehme das Gewand und gehe, bevor Chang es sich anders überlegt.«*

Schnell streifte er das kostbare Gewand über und lief aus dem Tempel, als würde er von Dämonen verfolgt.

Chang, der Tempelhüter, sah ihm mitleidig und kopfschüttelnd nach.

Li rannte und rannte, über Felder, durch Wälder in die Berge hinauf. Schließlich war er so erschöpft und durstig, dass er an einer Quelle innehielt.

»Nun möchte ich aber doch wissen, wie ich in meinen neuen Kleidern aussehe ...«, sagte Li bei sich und reckte seinen Kopf über das stille, klare, spiegelnde Wasser.

Was für ein Schrecken überkam Li, als ihn aus dem Wasserspiegel eine grässliche Schlange anblickte. Um ihren Leib trug sie matte grüne Streifen, die durchsichtiger Jade glichen.

Wunschlos glücklich im Universum

Bei Bestellungen ans Universum ist Vorsicht geboten. Dass wir nur feste und blauäugig genug wünschen müssten, um den vermeintlichen Versandservice des Universums dazu zu veranlassen, uns freie Parkplätze, wolkenfreie Urlaubstage oder gar den Traummann beziehungsweise die Traumfrau ins Haus zu liefern, ist – um es mal vorsichtig auszudrücken – eine merkwürdige Vorstellung. Einem Psychiater sollte man das jedenfalls nicht erzählen, sofern man auch fürderhin auf freiem Fuß bleiben möchte. Andererseits ist das Gesetz der Anziehung doch auch nicht zu unterschätzen.

Du kannst durchaus manches auf nahezu magische Weise magnetisch anziehen – vielleicht nicht gerade einen Lottogewinn, neue Schuhe oder ein festeres Bindegewebe, aber Sympathie,

Freude oder mehr Lebensenergie ganz bestimmt. Allerdings klappt das natürlich nicht durch bloßes Wünschen, sondern durch das, was du denkst, sagst und tust! Man nennt das auch das Gesetz von Ursache und Wirkung – kurz: Karma.

Dennoch ist auch schon beim bloßen Wünschen Vorsicht geboten, denn wie heißt es doch so schön: »Bedenke, was du dir wünschst, denn es könnte in Erfüllung gehen.« Manche deiner Wünsche lassen dem schwarzen Wolf das Wasser im Maul zusammenlaufen, denn sie führen dich geradewegs ins Unglück. Dies gilt zum Beispiel für materielle Wünsche, sofern sie dem Motiv der Habgier erwachsen. Und Vorsicht: Auch ein kleines bisschen Habgier ist immer noch Habgier. Noch fataler kann der Wunsch nach Macht, Ansehen oder Perfektion sein. Solche Wünsche erzeugen Stress und führen dich auf kurz oder lang mitten hinein in die Frustration und Unzufriedenheit.

Bei Wünschen handelt es sich eigentlich nur um Hirngespinste. Wünsche sind Vorstellungen – Bilder, die durch deinen Geist geistern und dir vormachen, dass du in Zukunft glücklicher sein wirst, sofern nur dein Wunsch in Erfüllung gegangen ist. Doch erstens ist die Zukunft ungewiss – Traum und Wirklichkeit finden erfahrungsgemäß nur selten zueinander. Und zweitens kommen Wünsche selten allein – sie bekommen schnell Kinder, und irgendwann muss man mit der ganzen quengelnden Horde fertigwerden.

Um der Wunschfalle zu entgehen, solltest du dir darüber klar werden, was der Unterschied zwischen einem kurzlebigen Wunsch und einem echten Herzensziel ist. So weise es nämlich ist, seine Herzensziele ausdauernd zu verfolgen, so weise ist es auch, oberflächliche Wünsche loszulassen – und zwar je schneller, desto besser.

Wie erkennst du einen unheilsamen Wunsch?

- Er kann dich nur kurzfristig befriedigen.
- Es wird sich nicht viel an deinem Leben ändern, wenn er erfüllt wird.
- Hinter dem Wunsch stecken ganz andere Bedürfnisse. Der Wunsch ist nur eine Verkleidung für etwas Tieferes.
- Damit sich der Wunsch erfüllen kann, bist du auf »Glück« oder die äußeren Umstände angewiesen.

Und woran erkennst du deine Herzensziele?

- Statt nur passiv zu wünschen, kannst du sie aktiv verfolgen.
- Wenn du ihnen folgst, wird sich dein Leben verändern.
- Sie wecken in dir immer wieder aufs Neue Freude und Begeisterung – nicht nur dein Kopf, sondern auch dein Bauch sagt »Ja!«.
- Du wirst zumindest eine der folgenden Fähigkeiten oder Qualitäten entwickeln, wenn du deine Herzensziele verfolgst: Kreativität, Verbundenheit mit anderen, Wissen oder Weisheit, Geschick oder Geduld, Konzentrationsvermögen oder Mitgefühl.
- Herzenszielen nachzugehen weckt positive Gefühle. Du wirst dich wohler fühlen, zufriedener und gelassener sein, deutlich weniger Stress und mehr Energie haben.

Es spricht nichts dagegen, seine Bedürfnisse zu erfüllen. Doch denke daran, dass es ein großer Unterschied ist, ob diese Bedürfnisse deinem Ego oder deinem Herzen entspringen. Im ersten Fall freut sich nämlich der schwarze, im zweiten der weiße Wolf …

Die Befreiung

Ein mächtiger König hatte das große Land vor langer Zeit erobert und es zu seinem eigenen erklärt. Die Bewohner dieses Landes waren damit natürlich unzufrieden, zumal sie nun im eigenen Land als Bürger zweiter Klasse behandelt wurden. Doch keiner wusste, wie man sich gegen die fremden Soldaten und Steuereintreiber wehren könnte.

In der Hauptstadt wurde ein Junge geboren. Es ging ihm trotz der Fremdherrschaft verhältnismäßig gut, denn er stammte aus einer reichen und angesehenen Familie. Als er älter wurde, studierte er die Rechtswissenschaft, wurde Rechtsanwalt und begann, sich gegen die Unterdrückung der Besatzer einzusetzen. Und er war beileibe nicht der Einzige: Es gab Millionen, die über die Ungerechtigkeit klagten, viele, die protestierten, und nicht wenige, die kämpfen wollten.

Der junge Rechtsanwalt hatte unerschütterliche moralische Grundsätze, und einer davon war das Prinzip der Gewaltlosigkeit – selbst gegen enorme Ungerechtigkeit und in Anbetracht brutaler Willkür. Er überzeugte seine Landsleute, von Gewalttätigkeit Abstand zu nehmen, riet ihnen jedoch, ungehorsam zu sein und sich den Anordnungen der Besatzer zu widersetzen – und die Waren, die aus dem fremden Land kamen, nicht mehr zu kaufen.

Die Besatzer steckten ihn dafür ins Gefängnis – sechs Jahre lang. Sie erlaubten es ihm nicht länger, als Rechtsanwalt zu arbeiten. Während er im Gefängnis saß, schrieb er ein Buch, in dem er seine Philosophie und die Lehre der Gewaltlosigkeit sowie die Prinzipien der Demokratie darlegte. Das Werk fand schnell Verbreitung, und sein Ruhm nahm im-

mer mehr zu. Ein Nobelpreisträger, der von seiner Lehre der Gewaltlosigkeit beeindruckt war, schrieb begeistert über den jungen Gelehrten. Und später schrieb ihm ein weiterer Nobelpreisträger, Albert Einstein, einen Brief, in dem er seine Gewaltlosigkeit lobte und zum Vorbild für die Welt erklärte.

Der zunehmende Ruhm führte jedoch nicht dazu, dass die Besatzungsmacht nachgab und die Ungerechtigkeit ein Ende nahm. Eher das Gegenteil geschah. Die Besatzer erlegten dem Volk eine Salzsteuer auf und nahmen ein Salzmonopol in Anspruch: Im ganzen Land durfte niemand Salz gewinnen oder verkaufen.

Inzwischen war der friedfertige Rechtsanwalt sechzig Jahre alt, doch seine Überzeugung, dass nur Gewaltlosigkeit zum Ziel führen könne, war nur noch stärker geworden. Er war in der ganzen Welt bekannt und wurde in seinem Volk geradezu als Heiliger verehrt. Gegen die ungerechte Salzsteuer rief er zum »Salzmarsch« auf, bei dem Hunderttausende friedlich gegen das Salzmonopol demonstrierten. Die Menschen begannen, selbst Salz herzustellen und die Steuer zu verweigern. Daraufhin wurden 60.000 Menschen verhaftet, darunter auch ihr friedlicher Anführer.

Unerschütterlich blieb er jedoch seiner Philosophie der Gewaltlosigkeit treu, auch als er selbst und immer mehr seiner Anhänger verhaftet und misshandelt wurden. Selbst als weit entfernt der große Krieg gegen den grausamen Diktator ausbrach, sprach er sich für friedlichen Widerstand und Ungehorsam aus.

Schließlich war der Krieg zu Ende. Und immer noch war das Land besetzt. Er war nun schon über siebzig Jahre alt.

Doch als er 77 Jahre alt wurde, wurde das Unvorstellbare wahr. Die Besatzer gaben sich nach Jahrhunderten der Besatzung und Unterdrückung geschlagen und entließen das Land wieder in die Freiheit.

Bei dem großen Land handelte es sich um Indien und der friedliche Rechtsanwalt war Mahatma Gandhi: »Mahatma«, die »große Seele«.

Kein Sklave der Wut sein

In Wut zu geraten ist leicht. Jeder von uns kennt das Gefühl, sich in ein tobendes Rumpelstilzchen verwandeln zu wollen. Dieses Gefühl ist zwar alles andere als angenehm – aber wenigstens vermittelt es uns die Illusion, irgendetwas zu tun, statt »passiv« zu bleiben. Und so werden wir laut, schreien, schreiben wütende Mails oder fordern von anderen, dass sie hart durchgreifen sollen.

Die vorherrschende Meinung scheint zu sein, dass Aggression zwar nicht schön oder erstrebenswert, in bestimmten Fällen aber zumindest notwendig ist. Und so bricht sich die Gewalt Bahn – ob in Gedanken, Worten oder Taten. Negative Emotionen wie Wut und Hass sind dabei immer mit im Spiel.

Und doch gibt es eine bessere Lösung als Gewalt – eine Lösung, mit der wir nicht nur andere, sondern auch uns selbst schützen. Im Zustand der Wut gibt unser Verstand den Geist auf. Und auf unser Herz ist dann erst recht kein Verlass mehr: Wo Wut herrscht, ist kein Platz für Mitgefühl, geschweige denn für Selbstmitgefühl. Wenn wir wütend sind, sind wir nicht mehr Herr im eigenen Haus, sondern nur noch Sklave der negativen Emotion. Und dann sagen oder tun wir Dinge, die wir später oft bitter bereuen.

Wahrscheinlich kommt dir das bekannt vor: Du erfährst eine Ungerechtigkeit, triffst auf rücksichtslose oder gewalttätige Menschen – dann beginnt es unangenehm im Bauch zu kribbeln und die Zornesröte steigt dir ins Gesicht. Dein Gehirn macht sich bereit für Kampf oder Flucht und drängt dich zum Handeln.

Und dann? Wie kannst du damit umgehen, wütend zu sein? Negative Gefühle wie Wut zu unterdrücken ist nicht nur belastend, sondern auch ganz schön ungesund. Ein Feuer in eine Strohhütte sperren – so verhütet man keinen Brand. Die Wut im Inneren nur einzusperren, hilft also wenig. Aber andererseits kann es auch nicht die Lösung sein, seiner Wut einfach freien Lauf zu lassen.

Schauen wir uns doch einmal kurz an, wie Wut eigentlich »funktioniert«: Zunächst muss dir klar sein, dass du normalerweise nicht »einfach so« wütend wirst. Es gibt immer einen Auslöser. Irgendetwas oder -jemand triggert deine Wut. Und auch wenn dir das vielleicht erst einmal seltsam vorkommt: Es ist gar nicht der Auslöser, der für die Wut verantwortlich ist. Niemand kann dich ärgern, wenn du dich selbst nicht ärgerst.

Stell dir vor, ein Gewitter zieht auf. Die Leute holen ihre Regenschirme heraus. Die Regenwolken sind der Auslöser dafür. Doch sind die Wolken wirklich für das Regenschirmaufspannen verantwortlich? Wohl kaum. Nicht die Wolken spannen schließlich die Schirme auf, sondern die Leute, die auf diese Weise auf den drohenden Regen *reagieren*. Es gibt jedoch auch einige, die erst noch etwas abwarten und andere, die ohne Schirm durch den Regen spazieren oder sich einfach irgendwo unterstellen.

Die Faktoren, die Aggressionen und Wut bei dir auslösen, mögen außerhalb von dir liegen – doch sie sind eben nur Auslöser. Äußere Ereignisse »machen« keine Wut. Dennoch glauben wir meistens, dass andere uns wütend *machen*. Wir selbst wären ja gern friedlich, wenn nicht ... Es ist natürlich verständlich, dass wir so denken – schließlich ist es immer leichter, den Schuldigen im Außen zu suchen, statt nach innen zu schauen. Täten wir das allerdings, so würden wir erkennen, dass es meist unsere eigene Hilflosigkeit, Angst oder Unausgeglichenheit ist, die dazu führt, dass wir mit Wut reagieren. Und leider wird das auch schnell zur Gewohnheit: Je öfter wir unserem Zorn freien Lauf lassen, desto schneller und heftiger wird er sich wieder einstellen. Auf diese Weise füttern wir immer wieder den schwarzen Wolf in unserem Herzen, auch wenn uns das gar nicht bewusst ist.

Nicht ausleben, nicht unterdrücken, sondern verwandeln

Friedfertigkeit lässt sich nicht mit Gewalt erreichen. Friedfertigkeit bedeutet eben nicht, die Wut zu fesseln, sondern es bedeutet, keine Wut zu haben.

Leichter gesagt als getan? Nicht unbedingt – denn es wird tatsächlich leichter, wenn du deine Wut erst einmal nicht bewertest. Sie ist weder »gut« noch »böse«. Lass sie einfach da sein. Wut ist eine Energie in dir – sie steigt auf und verschwindet auch wieder, und das umso schneller, je klarer und achtsamer du sie wahrnimmst, ohne dich von ihr kontrollieren zu lassen. Wenn es dir gelingt, diese Energie in andere Bahnen zu lenken, wird sie zu etwas anderem. Dann wird Wut zu Stärke, Entschlossenheit oder Mut. Es gibt also mehr als die beiden Optionen »ausleben« und »unterdrücken«. Es gibt auch noch die Möglichkeit, Wut zu »verwandeln«. Damit dir das jedoch gelingt, brauchst du eine andere Strategie und eine neue Perspektive.

Ändere deinen Blickwinkel – ist das nicht nur ein Postkartenspruch? Ist es nicht sehr schwierig, seine Sichtweise grundlegend zu verändern? Tatsächlich funktioniert das nicht auf Knopfdruck. Auch mit ein paar positiven Affirmationen ist es nicht getan. Bist du hingegen bereit, einen Weg einzuschlagen, der dich langfristig zu mehr Gelassenheit führt, wirst du schnell merken, dass es gar nicht so schwer ist, deine Perspektive zu ändern.

Der weiße Wolf freut sich über jedes bisschen Futter, das du ihm gibst – es müssen keine großen Brocken sein, wichtiger ist, dass du ihm regelmäßig Nahrung schenkst, damit er nicht verhungert. Mit anderen Worten: Er blüht auf, wenn du regelmäßig übst, negative Gefühle achtsam wahrzunehmen, statt von alten Gewohnheiten gelenkt auf sie zu reagieren.

Drei einfache Schritte, um Wut aufzulösen

Verschwende deine Zeit lieber nicht mit dem Versuch, deine äußere Welt verändern und sie »für dich passend machen« zu wollen. Die Umstände zu verändern ist meist schwierig und oft sogar unmöglich. Du wirst es immer mal wieder mit Menschen zu tun haben, die dich beleidigen oder rücksichtslos sind. Es werden immer mal wieder nervende Situationen auftreten, die zu Auslösern für deine Wut werden könnten. Das kannst du nicht ändern. Deine innere Einstellung kannst du jedoch sehr wohl ändern – zum Beispiel, indem du ein klein wenig achtsamer, gelassener oder friedfertiger denkst und handelst als bisher.

Mit einem starken weißen Wolf in deinem Herzen wird es dich nicht mehr kümmern, ob jemand dir die Vorfahrt nimmt, ob ein Kollege dich dumm anredet oder dein Kind oder Partner sich mal wieder danebenbenommen haben. Natürlich wirst du dann immer noch auf all diese Dinge reagieren – aber eben nicht mit Wut und Hass, sondern mit Gelassenheit, Humor und einem Achselzucken. Drei Schritte helfen dir dabei:

1. *Erkennen:* Natürlich musst du erst einmal erkennen, wo der Schuh drückt. Blinde Wut kann nur dann entstehen, wenn du die Augen nicht öffnest. Was macht dich unzufrieden? Was bringt dich aus der Ruhe und »macht dich wütend«? Und vor allem: Was ist die tiefere Ursache deiner Wut? Bist du angespannt, gestresst, unzufrieden oder fühlst du dich hilflos? Möchtest du, dass etwas oder jemand anders ist, als es oder er ist?
2. *Annehmen:* Es ist, wie es ist! Das beinhaltet, dass du andere Menschen und deren Handlungen ebenso wenig ändern kannst wie das Wetter oder äußere Umstände. Es bedeutet aber auch, dass wütend zu sein nichts anderes heißt, als dass du eben gerade Wut in dir wahrnehmen kannst. »Da ist Wut – es ist okay.« Versuche nicht, die Wut

zu unterdrücken – beobachte einfach nur, wie es sich anfühlt, wütend zu sein und wie dein Körper auf diese Emotion reagiert. »Aha ... so fühlt sich Wut an ...« Nichts ändern, sondern akzeptieren, was ist.

3. *Loslassen:* Es geht nicht darum, die Wut wegzuschieben, sondern nur darum, nicht in die Wutspirale einzusteigen. Spüre ruhig deine Wut, aber gehe nicht in die Reaktion. Fange dazwischenfunkende Gedanken ab, die dir einflüstern: »Ich kann mir doch nicht alles gefallen lassen!« Ersetze diese Gedanken durch Worte der Gelassenheit, die du dir selbst sagst. Zum Beispiel: »Alles halb so wild«, »Das vergeht« oder: »Nicht ärgern, nur wundern«.

Loslassen gelingt vor allem durch Übung und Übung heißt: Mache es immer wieder ...

Achtsamkeit und Loslassen zu üben lohnt sich immer. Schon beim ersten Versuch wirst du spüren, wie gut es tut, nicht hilflos der Wut ausgeliefert zu sein, sondern sie zu kontrollieren. Und mit der Zeit wird das dann immer leichter – wenn du nämlich feststellst, dass die Dinge dadurch viel besser laufen und du dich viel entspannter in deiner Haut fühlst.

Die Schwätzerin

(aus Finnland)

In einem kleinen Dorf, hoch im Norden, fast schon in Lappland, lebte eine Frau Kaipallaa, die – obwohl sie das heiratsfähige Alter längst erreicht hatte –, einfach keinen Mann fand. Dabei war sie nicht etwa hässlich oder roch übel. Was die Männer abhielt, war ihre Geschwätzigkeit. Sie sprach gern und viel, und was sie sprach, war Klatsch und Tratsch. An jedem fand sie etwas auszusetzen, jeder hatte Fehler oder einen Makel. An manchem, was sie sagte, war ein wenig Wahres, doch das meiste waren Lügen und Verleumdungen und kleine Bosheiten. Und doch war Frau Kaipallaa nicht unbeliebt: Die Menschen lieben es, den neuesten Tratsch zu hören und tragen gern ihr Scherflein bei. Frau Kaipallaa war ein Quell der Unterhaltung. Nur ein Mann für sie wollte sich nicht finden.

Mit jedem Jahr, das ins Land ging, wurde Frau Kaipallaa verzweifelter. Auch sie hätte gern einen Mann gehabt, der ihr Lager wärmte, die grobe Arbeit verrichtete, sie liebte und ein Kind mit ihr hätte.

Schließlich war sie so verzweifelt, dass sie am Mittsommertag tief in den Wald ging, wo ein weiser Schamane lebte. Der Wald war unwegsam und viele hatten sich schon verirrt. So verlangte es Mut, wenn man den weisen Schamanen aufsuchen wollte, und die meisten, die kamen, kamen nur, weil sie schwer erkrankt oder sehr unglücklich verliebt waren. Frau Kaipallaa aber erhoffte sich ein Liebeskraut.

Tatsächlich gelangte sie schließlich zur Hütte des Schamanen am Rande einer Waldlichtung, auf der der Löwenzahn blühte und die Pus-

teblumen wie Sterne standen. Der weise Schamane trat aus seiner Hütte und begrüßte Frau Kaipallaa. Er bot ihr Tee an und sie berichtete ihm von ihren Sorgen.

Der weise Mann sah sie an und bat sie, von ihrem Leben und ihrem Dorf zu erzählen. Und Frau Kaipallaa redete und redete, Klatsch und Tratsch und Lügen und Vermutungen und kleine Bosheiten. Und sie redete wohl noch heute, hätte nicht der alte Schamane die Hand gehoben:

»Geh auf die Wiese vor meinem Haus. Pflücke vier Pusteblumen und blase die Samen in die vier Windrichtungen!«

Frau Kaipallaa wunderte sich zwar, dachte aber bei sich: »Nun, das sind eben die Wege der Zauberer!« Und sie pflückte die Pusteblumen und blies die Samen nach Süden, Westen, Osten und Norden. Erwartungsvoll trat sie wieder vor den Schamanen.

»Und nun geh hinaus und sammle die Samen wieder ein!«

Frau Kaipallaa riss die Augen auf. »Aber das geht doch nicht, das ist unmöglich!«

Der Schamane nickte. »So wie deine Worte in alle Richtungen fliegen – du kannst sie nicht zurückholen. Und einige davon werden auf fruchtbaren Boden fallen und keimen und sich vermehren.« Damit drehte er sich um und verschwand in seiner Hütte.

Frau Kaipallaa aber hatte ihn wohl verstanden. Fortan flogen keine bösen Worte mehr aus ihrem Mund, und übers Jahr fand sie auch einen Mann, der ihr Lager wärmte, die grobe Arbeit verrichtete, sie lieb hatte und ihr ein Kind machte.

Vom edlen Schweigen

Vor einiger Zeit nahm ich in einem buddhistischen Zentrum an einem Meditationswochenende teil. Bei der Einführung wurde uns erklärt, dass wir die drei Tage in »edlem Schweigen« verbringen würden. An sich habe ich kein Problem damit, mal eine Weile den Mund zu halten. Allerdings fängt man irgendwann an, sich ein wenig merkwürdig zu verhalten, wie ich beobachtet habe. Beispielsweise kann man bei Tisch nicht mehr einfach mal um das Salz bitten, sondern muss winken und darauf deuten oder aber aufstehen und ans andere Tischende laufen. Verbale Kommunikation hat durchaus ihren Sinn – das wurde mir beim Schweigen klar.

Doch noch etwas anderes wurde mir klar: Es hat große Vorteile, einmal eine Weile still zu sein. Das Nichtreden wirkt sich besänftigend auf den unruhigen Geist aus. Durch Schweigen wird man wacher. Man wird aufmerksamer für sich selbst und die eigenen Bedürfnisse. Der Small-Talk-Zwang entfällt und die Bedeutung von Laozis Ausspruch im Daodejing »Viele Worte, manch Verlust« wird fassbar. Durch Schweigen spart man viel Energie und bleibt mehr bei sich.

Worte haben eine ungeheure Macht. Durch die richtigen Worte kannst du trösten, motivieren, jemandem helfen oder deine Einsichten mitteilen. Durch die falschen kannst du andere tief verletzen. Sogar Kriege beginnen letztlich immer mit hasserfüllten Worten.

Worte wiegen ein bisschen schwerer als Gedanken, aber doch nicht ganz so schwer wie Handlungen. Sie stehen in der Mitte zwischen Denken und Handeln – und wir können durch Worte in beide Richtungen Einfluss nehmen. Durch kraftvolle, positive Worte können wir auf der einen Seite negative Gedanken neutralisieren und unserem Handeln auf der anderen Seite mehr Energie verleihen.

Im Buddhismus spielt die Empfehlung zur »rechten Rede« eine wichtige Rolle. Damit ist gemeint, dass wir unsere Worte achtsam wählen sollten, denn durch Worte können wir unseren schwarzen Wolf ebenso nähren wie den weißen. Durch Lügen, grobe und gemeine Worte oder Lästern lässt sich viel Schaden anrichten, und auch wenn das an sich nichts Neues ist, hilft es, es sich gelegentlich in Erinnerung zu rufen. Doch auch Klatsch und Tratsch stehen auf der Negativliste und lassen sich nicht mit dem Prinzip der rechten Rede vereinbaren.

Ein wenig Klatsch macht natürlich schon Spaß, aber richtige Klatschtanten und Tratschonkels sind hingegen eher unbeliebt. Wer sich über alles und jeden das Maul zerreißt, darf sich nicht wundern, wenn andere sich abwenden: Erstens ist es anstrengend, ständig mit negativen Informationen überschüttet zu werden und jemandem zuzuhören, der ohne Punkt und Komma quasselt; zweitens lieben Menschen es nun mal, wenn man ihnen richtig zuhört. Wer aber selbst dauernd redet, hat kein offenes Ohr mehr für andere. Deshalb gilt gerade auch bei Gesprächen, dass Reden Silber, Schweigen hingegen Gold ist.

Damit Reden aber wenigstens Silber sein kann, gibt es drei einfache Fragen, die wir uns stellen können, wenn wir das Gefühl haben, etwas sagen zu müssen:

1. Ist das, was ich sagen will, notwendig und wichtig? Trägt es zur Lösung oder Verbesserung bei?
2. Sind die Worte, die ich sagen will, freundlich? Werden sie hilfreich sein, um jemand anderen zu trösten oder ihm weiterzuhelfen? Sind sie mitfühlend und verständnisvoll?
3. Ist jetzt der richtige Moment, zu sprechen? Oder sollte ich lieber vorerst für mich behalten, was ich sagen will, weil ein späterer Zeitpunkt vielleicht günstiger wäre?

Übrigens muss Small Talk gar nicht destruktiv sein. Man kann auch über angenehme Dinge plaudern: über das gute Essen beim neuen Italiener, über die nette Familie mit dem kleinen Pudel, über das Wetter ... Auf die positive Ausrichtung kommt es dabei jedoch an, denn wenn wir anfangen, uns über den schlechten Service im italienischen Restaurant, den kläffenden Pudel von nebenan oder das ewige Regenwetter aufzuregen, wird unser Klatsch ganz schnell zu einem gefundenen Fressen für den falschen Wolf.

Meditation: Der Stille zwischen den Worten lauschen

Manchmal ist es gar nicht leicht zu erkennen, ob wir zu viel reden. Klatschen, Tratschen und Schwätzen sind Gewohnheiten und laufen meist unbewusst ab. Das Problem ist, dass wir ständig bewerten, urteilen und verurteilen, ohne es zu merken. Und leider tun wir das nicht nur, wenn wir mit anderen reden, sondern vor allem auch dann, wenn wir innerlich Selbstgespräche führen: »Was stelle ich mich nur wieder so dumm an?«, »Ich bin sogar zu blöd dafür, aus mir wird nie etwas!«, »Oh Gott, warum habe ich nur keinen Erfolg?«, oder: »Warum kann ... nicht etwas höflicher und zuvorkommender sein?« usw.

Die folgende Übung hilft dir, die zerkratzten Schallplatten zu entdecken, die in deinem Inneren ablaufen. Es ist eine Achtsamkeitsübung, die nicht nur dein Bewusstsein für (deine) Worte stärkt, sondern Schritt für Schritt zu innerer Ruhe führt:

- Nimm dir mindestens drei Minuten Zeit – lieber fünf bis zehn.
- Setz dich mit geschlossenen Augen aufrecht, aber bequem hin, atme einige Male tief durch und komme ein wenig zur Ruhe.

- Und jetzt: Lausche nach innen. Lenke deine Aufmerksamkeit in deinen Kopf und höre dir selbst zu. Du musst wirklich nichts machen – achte nur einfach darauf, ob innere Gespräche anwesend sind oder nicht. Steig jedoch nicht auf den Inhalt ein, identifiziere dich nicht, denn es ist ganz egal, was du denkst. Versuche nicht, »nachzudenken«, sondern schaue wie ein Beobachter aus einer kleinen Distanz einfach nur zu – oder besser gesagt: höre zu.
- Jedes Mal, wenn du Worte denkst, sagst du dir einfach nur: »Innen hören«. Und wenn keine Gedanken auftreten, denkst du »Stille«. Du hast also im Grunde nur zwei Einstellungen – den »An-« und den »Aus-Schalter«.
- Bleibe eine Weile bei der Beobachtung deiner inneren Gespräche und entspanne dich, so gut es geht. Mit der Zeit werden deine Gedanken ruhiger und die Pausen zwischen den Worten länger und länger. Beobachte die Aktivität deines Geistes und genieße die Stille in dir. Wann immer sie eintritt, tauche tief in die Stille ein.

Die Zeit ist knapp

(aus Schweden)

Als der Wanderer aus dem Wald trat, sah er einen kleinen Bauernhof. Ein Mann lief ständig mit einem Eimer vom Brunnen zur Viehtränke und füllte sie mit Wasser. Der Wanderer kam näher und stellte fest, dass die Arbeit des Mannes völlig sinnlos war: In der Tränke war ein Loch, sodass alles Wasser, das hineingeschüttet wurde, sofort wieder herausrann. Der Wanderer trat noch einen Schritt näher und betrachtete kopfschüttelnd den Mann, der keuchte und einen Eimer nach dem anderen zur Tränke schleppte. Als er den Wanderer sah, nickte er ihm nur kurz zu und keuchte mit seinem Eimer weiter. Schließlich hielt es der Wanderer nicht mehr aus und rief: »Halt, was tust du denn da? Siehst du nicht, dass die Tränke ein Loch hat und das ganze Wasser wieder herausläuft?«

»Ja, klar seh ich das!«, schnaufte der Mann.

»Dann hör doch auf, das Wasser zu schleppen und stopf erst einmal das Loch!«

»Nein, dafür habe ich keine Zeit – das Vieh braucht ja das Wasser!«

Denk an die arme Gans!

Der Bauer in der Geschichte meint es nur gut. Er will so schnell wie möglich sein Vieh tränken. Doch in seinem Eifer übersieht er das Wichtigste: dass die Tränke ein Loch hat.

Wahrscheinlich kennst du das auch – vielleicht nicht gerade vom Wassertragen, aber bestimmt aus der Arbeit oder aus dem Alltag: Manchmal stecken wir so sehr im Erledigungsmodus fest, dass wir das Wesentliche übersehen. Den schwarzen Wolf kann man jedoch leider auch ganz ohne böse Absicht füttern: Wir eilen von einer Aufgabe zur nächsten, erledigen eine Pflicht nach der anderen und vergessen dabei das, worauf es wirklich ankommt, nämlich uns selbst.

Du bist die Tränke! Du bist – Entschuldigung, dass ich es so sage – die Gans! Du bist die Gans, die goldene Eier legt. Und so schön die Goldeier auch glänzen mögen, so ist es mit dem Eierlegen doch ganz schnell vorbei, wenn die Gans erst einmal tot ist. Oder wenn sie mit Burn-out am Ufer des Teichs auf dem Rücken liegt.

Eine der wichtigsten Regeln für effektives Handeln lautet: Pflege deine Ressourcen! Wenn die Quelle in gutem Zustand ist, musst du dir um den Bach keine Sorgen machen. Und um den Zustand des Flusses auch nicht. Die Quelle bist du. Wenn du gut auf dich achtgibst, wird alles Weitere sich ganz von selbst auf harmonische Weise entfalten.

Doch wie geht das – »gut auf sich selbst achten«? Wellnessurlaub? Mehr Obst essen? Eine neue Körperlotion? Schlecht ist das alles nicht, und manchmal kann Obst wahre Wunder wirken. Doch wenn du gut für dich sorgen willst, musst du lernen zu spüren, was du brauchst – und zwar im jeweiligen Moment, denn deine Bedürfnisse ändern sich von Augenblick zu Augenblick. Das Zauberwort lautet hierbei »innehalten«.

Wenn du Gefahr läufst, stundenlang Wassereimer zu schleppen, ohne dass dich das deinem Ziel viel näher bringt, kannst du drei Dinge tun: Erstens kannst du einfach weitermachen, bis du zusammenbrichst. Zweitens kannst du stattdessen auch gleich aufgeben, was immerhin schon die schlauere Variante ist. Drittens kannst du *innehalten* – und das ist zweifellos die einzig wirklich vernünftige Methode. Halte mitten in deinem Tun an, stelle alle Maschinen auf »Stopp«. Atme einige Male tief durch, komme zur Ruhe und überlege, ob du nicht vielleicht etwas Wesentliches übersiehst. Diese Methode könnte man »Innehalten für Anfänger« nennen. Aber wenn du willst, kannst du noch einen Schritt weiter gehen …

Meditation: Innehalten für Fortgeschrittene

Immer wieder, mitten im Alltag und am besten dann, wenn das Leben anfängt, anstrengend zu werden, kannst du folgende Meditation durchführen. Dabei ist es egal, ob du sitzt, stehst oder liegst und ob deine Augen offen oder geschlossen sind:

- Halte in deiner Bewegung inne. Was du auch tust, höre jetzt kurz damit auf. Sage innerlich »Stopp«!
- Lenke deine Achtsamkeit nun auf deinen Körper. Mache eine kurze Bestandsaufnahme: Wie ist deine Haltung? In welchen Bereichen fühlt sich dein Körper entspannt an und wo sind Anspannungen oder vielleicht auch Schmerzen spürbar?
- Wie atmest du gerade? Schnell oder langsam, tief oder flach, regelmäßig oder unregelmäßig?

- Welche Gedanken und Gefühle herrschen gerade vor? Worüber denkst du im Moment nach? Wie ist deine Stimmung?

Registriere das alles nur kurz. Es geht nicht darum, etwas zu ändern, auch nicht darum, deinen Zustand als »gut« oder »schlecht« einzustufen. Du wirfst einfach nur einen kurzen Blick auf das, was jetzt gerade da ist – das ist alles. Das reicht vollkommen. Dein Herz weiß ganz genau, was dir jetzt guttäte. Und so musst du jetzt nur noch eines tun: Höre auf die leise Stimme deines Herzens und widme dich dann wieder deiner Aufgabe. Und wenn nötig, stopfe zuvor das Loch in der Tränke ...

Die Höhlenhunde

(aus Norwegen)

Der Hund galt im ganzen Dorf als ängstlich. Schon als Welpe hatte er sich vor anderen Hunden gefürchtet, und wenn man ihm zu nahe kam, wurde er bissig. Doch eines Tages verspürte er Abenteuerlust und lief davon, in die Berge. Da kam er an einen Felsen, aus dem ein kühler Luftzug strömte. Er folgte dem Luftzug und stieß auf ein Loch im Fels. Vorsichtig prüfte er die Luft nach gefährlichen Gerüchen. Lange zögerte er, doch es roch nur nach Berg und Wald, also kroch er hinein. Die Höhle war ganz dunkel, doch da, wo der Gang nach rechts abzweigte, leuchtete ein helles Licht. Er lief zu dem Licht und befand sich mit einem Mal in einer großen Höhle, in die durch ein Loch die Sonne fiel. Doch in der Höhle standen wohl an die hundert schwarze Hunde, alle so groß wie er. Sie zogen die Lefzen hoch und zeigten die Zähne, dann stellten sie das Nackenhaar auf und begannen zu knurren und zu bellen. Der Hund zog den Schwanz ein und lief so schnell er konnte aus der Höhle, den Berg hinab, wieder nach Hause zu seinem Hof.

Als er seinem Kameraden von dem Abenteuer berichtete, wurde dieser neugierig. Was es wohl mit dieser Höhle und den Hunden auf sich hatte? Vielleicht war dort ein Schatz verborgen? Was bewachten die Hunde? Obwohl ihn sein Freund eindringlich warnte, beschloss er, sich die Höhle selbst anzusehen, denn Angst hatte er noch nie gekannt. Hunde haben sehr feine Nasen, und so konnte er am folgenden Tag noch die Spur seines Freundes riechen – ja sogar den Unterschied zwischen der Abenteuerlust auf dem Hinweg und der Ängstlichkeit auf dem Weg zurück.

Der zweite Hund folgte seiner Neugier – er fand schließlich den Felsen, fand den Gang und fand die Höhle.

Als er sie betrat, waren dort tatsächlich über hundert Hunde, groß und stark und weiß, so wie er selbst. Doch sie blickten ihn freundlich an, mit staunendem, neugierigem Blick und wedelnden Schwänzen.

Als es dunkel wurde und die Sonne schließlich ganz von Wolken verdeckt war, dachte der Hund: »Ich laufe besser zurück, ehe ich in ein Unwetter gerate!«

Er blickte die anderen Hunde noch einmal freundlich an, kläffte zum Abschied und wandte sich heimwärts.

Die Höhle der hundert Spiegel aber lag wieder still da, nur die Spiegel spiegelten einander wider.

Gefühle im Spiegel

Gefühle sind ansteckend – das weiß schon jedes Kind.
Wer so richtig miese Laune hat, schafft es locker,
einer ganzen Festgesellschaft die Stimmung zu verderben.
Wer hingegen als Sonnenschein durchs Leben geht,
trifft überall auf strahlende Gesichter.

Vor rund dreißig Jahren haben Wissenschaftler die Spiegelneuronen entdeckt – zunächst im Gehirn von Affen. Das weitverzweigte System von Nervenzellen sorgt aber auch beim Menschen dafür, dass wir »spiegelbildlich« auf die Gefühle unserer Mitmenschen reagieren. Die Spiegelneuronen bilden die neurobiologische Basis dafür, dass wir intuitiv erfassen, wie andere Menschen sich fühlen – ob sie beispielsweise leiden, Ärger oder Freude empfinden.

Lachen ist ansteckend, Traurigkeit aber auch. Wer selbst aggressiv ist, macht auch andere aggressiv – und wer entspannt und gelassen bleibt, der trägt dazu bei, dass auch seine Freunde, Partner, Kinder und Kollegen oder die Kassiererin im Supermarkt leichter die Ruhe bewahren. In gewisser Weise haben wir damit den Salat, denn im Klartext heißt das:

Durch unsere Ängste, unsere Wut oder unsere Niedergeschlagenheit füttern wir nicht nur unseren eigenen schwarzen Wolf, sondern auch die schwarzen Wölfe all jener Menschen, denen wir begegnen.

Unsere schlechte Laune spiegelt sich also nicht etwa nur in unserem Badezimmerspiegel, sondern auch in unseren Nächsten wider. Und es kommt noch ein weiteres Phänomen dazu, das du sicher auch schon beobachtet hast: Die Haltung, mit der wir in eine Situation gehen, verändert die ganze Situation.

Spiegel sind einfach nur Spiegel. Wenn wir offen und vertrauensvoll darauf zugehen, werden uns daraus ganz andere Gestalten anblicken, als wenn wir ängstlich und pessimistisch hineinschauen. Keine Sorge, du musst deshalb noch lange nicht als wandelndes Smiley durch die Gegend laufen. Negative Gefühle haben ebenso ihre Berechtigung wie positive. Allerdings solltest du dir der Zusammenhänge bewusst sein, denn sonst bekommst du leicht das Gefühl, ein Opfer der Umstände zu sein, und das ist meist Unsinn.

Aus der Tatsache, dass Gefühle ansteckend sind, ergeben sich drei Konsequenzen:

1. Die anderen sind nicht schuld. Jedenfalls sind sie das sehr viel seltener, als wir glauben. Jeder Mensch, der uns begegnet, hält uns einfach nur den Spiegel vor. Schon Buddha wies darauf hin,

dass wir mit unserem Denken unsere Welt formen: »Wir sind das, was wir denken. Alles, was wir sind, entsteht durch unsere Gedanken. Mit unseren Gedanken erschaffen wir die Welt.« Das ist manchmal unangenehm, hat aber einen enormen Vorteil, denn es heißt auch, dass du – und nur du allein – der Architekt oder die Architektin deiner Welt bist.

2. Vermeide es, dich mit anstrengenden, unangenehmen, jammernden oder unzufriedenen Menschen zu treffen. Zumindest wenn du nicht gerade Psychotherapeut bist oder wenn du die Wahl hast. Denn leider bist du gegen deren negative Ausstrahlung nicht immun. Schütze dich, wann immer es geht.
3. Wenn du Wohnräume betrittst, hängst du deine Jacke an die Garderobe. Vielleicht ziehst du sogar die Schuhe aus. Werde dir bewusst, welche Stimmung du in eine Begegnung oder Situation mitbringst. Wenn es eine destruktive ist, gelingt es dir womöglich, sie ebenso abzustreifen wie ein Paar dreckige Schuhe. Das klappt sicher nicht immer, aber Achtsamkeit erhöht die Chance sehr. Oft bringen wir negative Gefühle aus vergangenen Situationen in die neuen mit. Zum Beispiel sind wir verärgert, weil uns der Bus vor der Nase weggefahren ist, und dann bringen wir die schlechte Laune mit ins Büro. Auf diese Weise führen wir den schwarzen Wolf manchmal den ganzen Tag über an der Leine spazieren. Oder genauer gesagt: der schwarze Wolf uns.

Jede neue Situation, jeder neue Raum, ja sogar jede Tür, durch die du gehst, bietet dir die Gelegenheit, tief durchzuatmen und dich von Negativem zu reinigen. Wenn du nicht willst, dass dir aus hundert Spiegeln bissige Untiere entgegenblicken, solltest du den schwarzen Wolf lieber draußen im Wald lassen.

Der Tuchhändler

(aus Indien)

In Jaipur lebte ein Tuchhändler namens Rajib; sein Geschäft war klein, aber es war schon lange an diesem Ort – der Großvater seines Großvaters hatte es eröffnet, und die Familie hatte seither stets einen Sohn gehabt, der das Geschäft weiterführte. Sie hatten keine Reichtümer angesammelt, doch der Laden brachte immer ein gutes Auskommen. Nun aber eröffnete in derselben Straße, direkt gegenüber, ein neuer, großer Tuchladen – viel größer als das kleine Geschäft Rajibs. Er bekam Angst: Würde er mit seinem Geschäft überleben können? Zumindest würde er Kunden verlieren. Vielleicht würde er aber auch alles verlieren und müsste betteln gehen, seine Familie müsste darben und er würde in Armut sterben, ohne seinem Sohn etwas hinterlassen zu können. Er hatte ja nichts anderes gelernt – schon als Kind hatte er in dem Laden gespielt, später dort gelernt und seine Aufgaben gemacht. Rajib machte sich große Sorgen und konnte nachts nicht schlafen.

Früh am nächsten Morgen ging er zum Tempel und sprach mit dem weisen Brahmanen. Er berichtete ihm von seiner Sorge und bat um Rat. Sollte er Ganesha opfern? Oder müsse er sich geduldig seinem Schicksal ergeben?

Der Brahmane hörte still zu. Dann saß er noch eine Weile still da, bis er endlich sprach: »Jeden Morgen, wenn du dein Geschäft öffnest, zünde eine Räucherkerze für Ganesha an und bitte ihn, dein Geschäft zu segnen. Dann wende dich dem Tuchladen zu, den du jetzt als deinen Feind ansiehst, und segne ihn ebenfalls.«

Rajib zog die Stirn in Falten. »Ehrwürdiger, habe ich das richtig verstanden? Ich soll meinen Konkurrenten, der mein Geschäft ruinieren wird und mich vielleicht in bittere Armut stürzt, auch noch segnen?«

Der Brahmane nickte. »Ja, denn die Güte in deinem Herzen wird dein Segen sein. Jede Bosheit, jeder Ärger, jede Angst, die du in deinem Herzen trägst, wird dich und das, woran dein Herz hängt, vergiften. Tu so, wie ich es dir gesagt habe, und sorge dich nicht weiter.«

Rajib zweifelte, doch er bedankte sich. Und er führte getreu aus, was ihm der Brahmane geraten hatte. Morgens, wenn er sein Geschäft öffnete, bat er Ganesha, den elefantenköpfigen Gott des Reichtums, ihn und sein Geschäft zu segnen. Dann betete er auch um Segen für seinen Konkurrenten gegenüber. Die ersten Tage kam ihn das schwer an, zumal viele Menschen den Laden auf der anderen Straßenseite aufsuchten. Doch er spürte, wie die Angst und der Hass allmählich aus seinem Herzen wichen. Und schließlich stellte er fest, dass der Laden gegenüber zwar gut besucht war – es kamen viel mehr Menschen in diese Straße als früher – doch viele kamen auch in seinen Laden. Am Ende des Monats stellte er fest, dass er mehr verdient hatte als in all den Jahren zuvor.

Er sprach mit seinem Nachbarn darüber; und dieser lachte und sprach: »Ja sicher, Rajib! Die Menschen sehen, dass du fromm bist und dich nicht fürchtest und keinen Hass in deinem Herzen trägst. Deshalb kommen sie eben gern zu dir, denn sie wissen, dass dein Wissen und deine Ware unvergleichlich sind!«

Am nächsten Morgen lief Rajib wieder zum Tempel und bedankte sich bei dem Brahmanen, der ihm einen so weisen Rat erteilt hatte.

Positiv denken ist nur die halbe Miete

Wie reagierst du auf bedrohliche Situationen? Welche Gefühle entstehen in dir, wenn plötzlich ein Gegner oder Konkurrent auf der Bildfläche auftaucht und dir zum Beispiel deinen Job oder deinen Partner streitig macht? Es ist sehr wahrscheinlich, dass du darauf – wie die meisten Menschen – mit Angst, Neid, Wut oder Eifersucht reagierst. Aber sind solche »Panikreaktionen« wirklich unvermeidlich? Können wir belastende Gefühle nicht einfach dadurch verändern, dass wir positiver denken?

Das Konzept des positiven Denkens entstand bereits vor gut 150 Jahren. Seine Vertreter wie Ralph Waldo Emerson, Prentice Mulford oder Joseph Murphy gingen, ebenso wie ganze Generationen von späteren Ratgeberautoren, davon aus, dass die permanente Beeinflussung unseres Bewusstseins durch »Kraftgedanken« dazu führt, dass wir glücklicher und zufriedener werden.

Leider hat sich gezeigt, dass die Anwendung positiver Affirmationen allein nicht dazu taugt, unser Lebensgefühl nachhaltig zu verändern. Und wie sollte das auch funktionieren? Wenn du täglich tausend Mal Kraftgedanken wie »Ich bin froh und zufrieden« aufsagst, machst du damit zwar jedem Papagei Konkurrenz, doch ändert das natürlich nichts daran, dass du manchmal aus gutem Grund ganz und gar nicht froh und zufrieden bist und es Tage gibt, an denen alles schiefgeht.

Gerade bei labilen oder depressiven Menschen ist der Schaden durch positives Denken oft größer als sein Nutzen, darauf weisen psychologische Studien hin. Andererseits gibt es aber auch Belege dafür, dass unsere Gedanken sehr wohl einen starken Einfluss auf unser Glück haben. So hat die aktuelle Hirnforschung beispielsweise gezeigt, dass eine Veränderung der Denkmuster langfristig positive Auswirkungen auf unsere Gehirnaktivität hat.

Wie kommt es zu diesen widersprüchlichen Aussagen? Ganz einfach: Positiv denken allein reicht nicht. Es nützt dir nichts, wenn du die Worte, die du innerlich formulierst, nicht auch *empfindest*. Wörter wie »Freude«, »Liebe« oder »Mut« sind ja zunächst einmal einfach nur Worthülsen. Damit daraus spürbare Gefühlszustände werden, musst du dein Herz mit auf die Reise nehmen.

Nur wenn Denken und Fühlen in dieselbe Richtung unterwegs sind, kannst du dich öffnen. So wie du ein Fenster öffnest, um wieder atmen zu können, wenn es im Zimmer stickig wird, solltest du es auch mit deinem Geist machen: Wenn es in dir eng wird – und nichts anderes passiert ja bei Angst oder Sorge –, dann widerstehe dem Drang, noch mehr zuzumachen, und öffne dich stattdessen. Der Unterschied zum bloßen positiven Denken ist, dass du versuchst, nicht nur die positiven Gedanken, sondern vor allem die dazu passenden guten Gefühle aufzuspüren. Natürlich sind die in einer stressigen Situation nicht in voller Stärke da und du musst bewusst danach suchen. Positive Gedanken, Affirmationen oder kleine Rituale unterstützen dich dabei.

Als sein Konkurrent einen Laden auf der anderen Straßenseite eröffnet, wird dem Tuchhändler vom Brahmanen geraten, sowohl sich selbst als auch den »Feind« zu segnen. Genau das Gleiche können wir auch machen, dafür müssen wir weder Räucherstäbchen anzünden noch eine Ganesha-Figur aufstellen.

Im Buddhismus spielt die Meditation der liebenden Güte eine zentrale Rolle. Sie befreit das eigene Herz von Dunkelheit und schafft zudem eine harmonische Atmosphäre und somit ideale Voraussetzungen, damit jeder sich entfalten und glücklich werden kann. Es gibt viele Varianten. Eine ausführliche findest du unter dem Märchen »Spuren im Sand« weiter unten. Die folgende ist eine sehr einfache Variante. Du kannst sie vor allem dann anwenden, wenn du Schwierigkeiten mit einem anderen Menschen hast:

Herzmeditation für dich und deinen »Feind«

Dein Geist, deine Gefühle, Gedanken und Handlungen wirken sich auf dein ganzes Umfeld aus. Die folgende Meditation hilft dir, Frieden mit den Umständen zu schließen, auch wenn sie schwierig sind. Zunächst aber hilft sie dir, Frieden mit dir selbst zu schließen, das ist die Voraussetzung für alles Weitere. Solange du selbst von Angst und Verzweiflung beherrscht wirst, kannst du wenig tun – weder für dich, noch für andere. Daher beginnt die folgende Meditation auch damit, »dich selbst zu umarmen«. Anschließend lässt du die liebende Güte zu dem Menschen strömen, durch den du dich bedroht fühlst oder den du als deinen Gegner ansiehst.

Vielleicht wirst du die Meditation anfangs vor allem vom Kopf her steuern. Das ist ganz normal und kein Problem. Mit der Zeit wird es dir immer besser gelingen, ein spürbares Gefühl des Wohlwollens zu entwickeln.

Setz dich erst einmal entspannt hin und schließe die Augen. Komme ein wenig zur Ruhe.

Wiederhole dann im Geist mehrmals langsam die folgenden Sätze:

- Möge ich glücklich und friedvoll sein.
- Möge ich unbeschwert und in Freude leben.

Wiederhole die Sätze ganz entspannt – du musst dabei nichts Besonderes machen.

Nach ein paar Wiederholungen wandelst du dann die Worte ein wenig ab:

- Einatmen: Mögen alle Wesen – Ausatmen: glücklich sein.
- Einatmen: Mögen alle Wesen – Ausatmen: sicher und geborgen sein.
- Einatmen: Mögen alle Wesen – Ausatmen: friedvoll und heiter sein.

Wiederhole auch diese Formeln einige Male und entspanne dich körperlich und geistig, so gut dir das im Moment eben möglich ist.

Um die Übung zu beenden, richte deine Achtsamkeit auf deinen Körper. Atme dann einige Male tief durch, bevor du die Augen wieder öffnest.

Der Ring des Königs

(aus Irland)

König Fionn kam in die Jahre. In seiner Jugend und als erwachsener Mann war er tollkühn und seine Verachtung gegenüber jeder Gefahr sagenhaft gewesen. Doch nun stand wieder ein Krieg bevor, die Nachbarreiche erhoben sich, und König Fionn dachte immer häufiger an die Gefahren und an sein eigenes Ende.

Da beschloss er, Zuflucht zu den Künsten von Zauberern und Weisen zu nehmen und ließ verkünden, dass er demjenigen, der ihm ein Mittel gäbe, das ihn aus höchster Verzweiflung erretten könne, jeden erfüllbaren Wunsch gewähren würde. Mit einem Mal schien es mehr Zauberer als Wirtshäuser im Land zu geben. Diejenigen, die König Fionn zu Diensten sein wollten, waren so zahlreich, dass der König verkündete, dass es statt eines erfüllten Wunsches die Folter als Lohn gäbe, falls das Mittel nicht wirke. Plötzlich gab es nur noch ganz wenige Zauberer im Land.

Der große Magier vom grünen Berg trat vor und übergab dem König einen magischen Kessel. In der Zeit der größten Verzweiflung solle der König sich in den Kessel setzen und die geheimen Runen, die auf die Innenwand geritzt waren, laut aussprechen und die Worte viele Male wiederholen.

Der König sah sich den riesigen Kessel an und stellte sich vor, wie er in großer Gefahr in der Schlacht in den mitgeführten Kessel kröche. Ver-

ächtlich schüttelte er den Kopf und ließ den großen Magier vom grünen Berg abführen.

Der Weise vom Liliental trat vor und bot dem König einen Mantel, der ihn in höchster Verzweiflung, aber nur dann, und nur ihn, den König, an einen Ort brächte, den er sich wünschte. Zuvor allerdings müsse er sich ein mit einem Zauberspruch behandeltes Messer ins Herz stoßen, das er ihm feierlich übergab.

Der König runzelte die Stirn. »Dieses Messer soll ich mir ins Herz stoßen? Und wenn dein Zauber nicht wirkt, kann ich dich nicht bestrafen. Ich glaube, ich möchte, dass du mir diesen Mantel erst einmal vorführst.« Der Weise vom Liliental wurde weiß wie die Lilien in seinem Tal, war plötzlich verschwunden und bewies derart, dass er nicht zu Unrecht »Der Weise« hieß.

Dies waren die einzigen großen Zauberer, die vorgesprochen hatten, die wenigen anderen waren inzwischen spurlos verschwunden. Nur ein alter Mann stand noch da. Es war ein Einsiedler, den der Ratgeber des Königs aus einer Hütte im Wald geholt hatte, da es von ihm hieß, er verstehe sich auf die Zauberkunst.

Dieser Alte stand nun vor dem König, gar nicht furchtsam, und sprach: »Mein König, ich bedarf keiner Reichtümer. Ich wünsche mir nur, nicht aus meiner Hütte geschleppt zu werden, um eigensinnige Wünsche zu erfüllen.«

Diese Rede des Alten war zwar dreist, doch sie gefiel dem König und er lachte: »Wohl wahr, Alter. Ich werde dich jedoch nicht mehr in deine Hütte zurückkehren lassen, solange du mir nicht dein Mittel gegen die äußerste Verzweiflung gegeben hast!«

Der Alte lächelte und neigte den Kopf. »So sei es also. Gebt mir den großen Ring, den Ihr am Finger tragt.«

Eigentlich war das noch unverschämter als die Vorrede, doch der König war neugierig geworden, wie es wohl weiterginge, und er überreichte dem Alten seinen prachtvollen Ring. Der Alte zog sein Messer hervor und löste die Fassung des großen Edelsteins aus dem Ring. Dann holte er aus seiner Tasche ein winziges Stück Pergament, presste es in die Fassung und setzte den Edelstein wieder darauf. Schließlich gab er dem König seinen Ring zurück.

»Hör gut zu, König Fionn: Wenn du wieder einmal in größter Erregung deines Gemütes bist, dann brich den Edelstein heraus und sieh dir das Pergament genau an.«

König Fionn war ein wenig enttäuscht; und er sah, dass er keinen Beweis fordern konnte. Aber nun, es würde ihn auch kein Gold, keine Ländereien und keine Tochter kosten, und so dankte er dem Alten und ließ ihn ziehen.

Und damit hatte der König genug von den Zauberern dieser Welt und gelobte, sich in Zukunft von jeglicher Zauberei fernzuhalten.

Nicht lange darauf wurde das Land angegriffen, und der König wurde in der Schlacht abgedrängt und vom Feind wütend verfolgt. Der König war verwundet, auf der Flucht durch ein Moor brach sich sein Pferd ein Bein, und schließlich holten ihn die Verfolger ein, brachten ihn auf ihre Festung und warfen ihn in ein düsteres Verlies.

In tiefster Verzweiflung gedachte der König seines verlorenen Reiches, seiner Frau und seiner beiden Töchter. Da fiel ihm der Ring des Alten ein. Ein bitteres Lächeln stand auf seinen Lippen, doch er brach den Edelstein heraus und nahm das kleine Stück Pergament in die Hand. In kleiner Schrift stand darauf etwas geschrieben. Der König hielt das Stück ganz nah an seine Augen, und als ein vereinzelter Sonnenstrahl darauf fiel, konnte er lesen:

»Auch das geht vorbei.«

Erst lachte der König bitter auf. Dann lächelte er und wurde ganz ruhig. In seine Seele kehrte Frieden ein.

Und indem Frieden in seine Seele einzog, kehrten sein Mut und seine Hoffnung zurück.

Kurz darauf eroberten die Soldaten seines Landes, die ihrem König treu ergeben waren, die Festung und befreiten ihren Herrn. Und nicht nur das: Durch die Eroberung der Festung war der Krieg gewonnen.

So kehrte der König als siegreicher Held zurück, das Volk jubelte ihm zu, und seine Frau gebar den Sohn, den er sich so sehr gewünscht hatte. Sein Herz war übervoll mit Freude.

Da gedachte er der Worte des Alten: Wenn du in größter Erregung deines Gemütes bist, sieh dir das Pergament genau an:

»Auch das geht vorbei.«

Und wieder kehrte der tiefe Frieden ins Herz des Königs ein, und er verstand:

Alles ist vergänglich, das Schlimme, aber auch das Gute – das Herz des Weisen hängt nicht an den vergänglichen Wechselfällen des Schicksals.

Und so regierte König Fionn als weiser, gütiger König bis an sein Lebensende, und als er starb, starb er mit einem Lächeln auf seinen Lippen.

Vom Segen der Vergänglichkeit

Es ist nicht so schwer, entspannt und gelassen zu bleiben, wenn du auf einer Südseeinsel in der Hängematte liegst und eine eisgekühlte Piña Colada schlürfst. Wenn du hingegen gerade erfahren hast, dass dein Job demnächst wegrationalisiert wird und du nicht die geringste Ahnung hast, wie du deine Miete künftig bezahlen sollst, ist es um deine Gelassenheit wahrscheinlich weniger gut bestellt.

Dennoch ist gerade, wenn alle Stricke reißen und alles den Bach runterzugehen scheint, der völlig falsche Moment, zu verzweifeln.

Im Gegenteil: Genau in dem Augenblick, wo Ängste, Sorgen oder Mutlosigkeit in dir aufsteigen, kannst du deine »Gelassenheitsmuskeln« am besten trainieren. Genau jetzt ist Loslassen nämlich besonders wichtig und auch besonders hilfreich. Solange du in deiner Komfortzone sitzt, ist ja sowieso alles bestens, so scheint es jedenfalls. Wenn du aber auf eine handfeste Krise zusteuerst, musst du dich schon aktiv dafür entscheiden, die Ruhe zu bewahren.

Es gibt drei einfache Möglichkeiten, deinen weißen Wolf mit Gelassenheitshäppchen zu füttern:

1. Wenn in deinem Leben alles prima läuft – fein! *Genieße es*, bleibe heiter und gelassen.
2. Wenn die Dinge mal nicht so optimal laufen – auch gut. *Entspanne dich*, so gut es geht, bleibe heiter und gelassen.
3. Und wenn wirklich einmal alles drunter und drüber geht und du die Kontrolle verloren hast? Dann solltest du erst recht versuchen, heiter, gelassen und in *deiner Mitte zu bleiben*.

Natürlich ist es nicht einfach, mitten im Chaos die Nerven zu bewahren. Ich finde es sogar ausgesprochen schwierig. Allerdings fällt es doch sehr viel leichter, wenn du dir klarmachst, dass gelassen zu bleiben die beste Wahl ist. Und wenn du dich mit einer unumstößlichen Tatsache anfreunden musst: Alles geht vorbei. Alles, was entstanden ist, vergeht auch irgendwann wieder.

Findest du diesen Gedanken beunruhigend? Möglicherweise, denn es bedeutet,

- dass du im Laufe deines Lebens älter wirst und deine Haut mit sechzig nicht mehr so frisch aussehen wird wie mit zwanzig;
- dass jedes Verliebtsein ebenso vergänglich ist wie jeder Augenblick der freudigen Ekstase;

- dass du irgendwann wieder ein neues Auto und einen neuen Computer brauchen wirst und du morgen schon wieder frisches Brot besorgen musst;
- dass einem warmen, schönen Sommer ein feuchter, kühler Herbst folgt.

Ist das traurig? Für die meisten Menschen ganz bestimmt. Dabei ist es gar nicht die Vergänglichkeit an sich, die traurig ist, sondern unser eigener Widerstand gegen das, was nun einmal ist, wie es ist. Es gibt nur einen Grund für unsere Trauer und unser Leiden: Wir hängen unser Herz an Dinge, die vergänglich sind, ganz so, als würden wir versuchen, uns an Seifenblasen festzuklammern.

Wir werden geboren, wir leben eine Weile, und irgendwann sterben wir. Alles geht vorbei. Aber manchmal kann das Wissen darum auch sehr beruhigend sein. Es bedeutet nämlich zum Beispiel auch, dass Magen-Darm-Grippen, nervtötende Konferenzen, finanzielle Engpässe, Zahnschmerzen, Liebeskummer oder Trennungsschmerz vorbeigehen. Und in aller Regel nicht erst dann, wenn wir sterben.

Das Bewusstsein der Vergänglichkeit ist ein vorzügliches Mittel, um Gelassenheit und Gemütsruhe zu entwickeln. Sobald du erkennst, dass auch Krisen vergänglich sind, musst du nicht länger mit Angst und Verzweiflung reagieren. Dann atmest du tief durch und siehst die Dinge einfach so, wie sie sind:

»Es ist okay, so wie es ist. Und es geht vorbei.«

Es gibt keinen Grund, gegen den Fluss des Lebens anzuschwimmen. Es gibt keinen Grund, den schwarzen Wolf zu füttern, nur weil Situationen unangenehm oder mitunter vielleicht sogar katastrophal sind. Situationen kommen und gehen, das gilt für schöne wie für schreckliche. Und das gilt ebenso für belastende Gedanken oder Gefühle: Auch sie sind nicht dauerhaft, sondern kommen, bleiben eine Weile … und vergehen schließlich wieder, wenn du sie loslässt.

Was auch immer passiert: Es geht vorbei. Wie dunkel die Gewitterwolke auch sein mag, die sich da zusammenbraut – du bist nicht die Wolke, du bist der Himmel.

Drei Geister

(aus China)

Einst saßen Wissen, Weisheit und Humor zusammen beim Tee.

»Ich will ja nicht prahlen,« sprach die Wissenschaft, »aber ich habe das Kleinste und Größte erforscht – und wenn ich auch nicht alles weiß, so wird es doch immer mehr. Was wisst ihr beiden denn schon?«

Die Weisheit schüttelte den Kopf: »Natürlich ist es großartig, was du alles geleistet hast. Bestimmt kann man viel von dir lernen. Doch was weißt du schon über den Sinn des Lebens, über das Wunder des Bewusstseins? Woher kommen wir, wohin gehen wir? Warum gibt es Liebe, warum Hoffnung? Das sind die Dinge, mit denen ich mich befasse, und ich denke, dass ist wichtiger als dein Sammeln von Fakten.«

Der Humor lachte, während die beiden sich selbst lobten. Dann sprach er: »Ich bewundere euch beide. Mir gefällt eure Neugier. Und ich finde es sehr lustig, wie ihr das Kleinste und das Größte und das Unbegreiflichste in Ketten legen wollt. Das ist wirklich recht erheiternd!«

Die geheime Zutat

Viele der Qualitäten, die dir helfen, deinen Geist auf das Positive auszurichten und den weißen Wolf in dir zu nähren, liegen meist auf der Hand: Gelassenheit, Achtsamkeit und Mitgefühl sind beispielsweise besonders wichtig. Doch es gibt darüber hinaus noch einige, die weniger offensichtlich sind. Zu den Bestandteilen der Kraftnahrung für weiße Wölfe, die nur selten erwähnt werden, gehören auch Heiterkeit und Humor. Selbst wenn du noch so achtsam und gelassen bist – sofern es dir nicht gelingt, die Dinge auch mit Humor zu betrachten, wird dein weißer Wolf nie so richtig satt werden.

Natürlich gibt es Momente im Leben, in denen uns das Lachen gründlich vergeht – doch sie sind zum Glück sehr selten. Die meisten Situationen können wir mit einer Prise Humor verwandeln. Wenn Heiterkeit unser Leben durchdringt, fühlt sich alles leichter und spielerischer an. Dann erblühen einerseits alle guten Gefühle und Gedanken umso stärker und andererseits lassen sich auch sehr belastende Erfahrungen leichter ertragen.

Wenn dein Herz nicht lachen kann, können Weisheit, Mitgefühl und Gelassenheit sich nicht entfalten. Gelingt es dir hingegen, auch in schwierigen Zeiten trotz allem heiter und lebensfroh zu bleiben, wirst du deine Energie bewahren und dich vor schaler Nüchternheit und allzu großem Ernst schützen, die dein Leben sonst grau und schwer erscheinen lassen.

Mit einem Lächeln im Herzen schützt du aber nicht nur dich selbst, sondern du wirkst auch auf andere positiv ein. So gefährlich ansteckende Viren sind, so wunderbar sind ansteckende Gefühle, sofern es aufbauende, bejahende Gefühle sind. Je öfter du andere mit deinem Lachen »infizieren« kannst, umso besser. Wenn du jemanden anlächelst, machst du damit schon zwei Menschen ein bisschen zufriedener und glücklicher.

Ein Lächeln, das von Herzen kommt, wirkt immer – auch wenn du es vielleicht nicht gleich erkennen wirst. Menschen fühlen sich besser und friedlicher, wenn man ihnen freundlich und heiter begegnet, nur können sie das manchmal nicht zeigen. Oft tun sie es allerdings doch, deshalb ist es recht wahrscheinlich, dass sie zurücklächeln, wenn du sie anlächelst. Und wenn sie mit ihrem Lächeln dann wiederum andere anstecken, kann sich der Virus der Lebensfreude exponentiell weiterverbreiten. Wie bei einem Steinchen, das du in einen See wirfst, breiten sich die Wellen des guten Willens über die ganze Wasseroberfläche aus. Die Welt wird durch dein Lächeln ein klein wenig besser.

Und stelle dir nur mal vor, wie unsere Welt aussehen würde, wenn sich Heiterkeit, Leichtigkeit und Lebensfreude über den ganzen Planeten ausbreiten würden – wie eine Welle aus purem Glück!

Wenn der Körper lacht, lächelt auch die Seele

Mach doch mal einen kleinen Selbstversuch und probiere zu lächeln, auch wenn dir vielleicht gerade nicht danach zumute ist.

Am besten schaust du dazu in den Spiegel: Die Mundwinkel nach oben zu ziehen ist schon ein kleiner Anfang. Im Spiegel siehst du allerdings, dass das noch nicht für ein echtes Lächeln reicht. Die Augen sind wichtig, genauer gesagt die Augenringmuskulatur. Die ist nicht etwa für Augenringe verantwortlich, sondern für den Gefühlsausdruck. Ein Grund, warum wir eben nicht nur mit den Lippen, sondern auch mit den Augen lächeln.

Experimentiere einfach ein wenig, bis du meinst, ein relativ natürliches Lächeln hinzubekommen. Am besten machst du gleich weiter, lässt das Lächeln in dir aufsteigen und lachst – erst leise, dann immer lauter.

Die Übung fühlt sich vielleicht ein wenig albern an, aber so soll sie auch sein. Wichtig ist, dass du dabei achtsam in dein Inneres hineinschaust. Spüre, wie du dich dabei fühlst und was sich verändert.

Und jetzt tue das Gegenteil: Zieh die Mundwinkel nach unten, lass den Kopf hängen und mache ein trauriges Gesicht.

Beobachte wieder genau, was passiert: Was zeigt dir ein achtsamer Blick in dein Inneres jetzt? Kannst du die Veränderung wahrnehmen?

Vermutlich spürst du einen deutlichen Unterschied.

Wenn du möchtest, kannst du jetzt noch einen Schritt weiter gehen. Versuche einmal, an etwas Trauriges oder Ärgerliches zu denken, während du die »Lächelposition« einnimmst. Wie gesagt: Lächle nicht nur mit dem Mund, sondern auch mit den Augen, und wenn möglich sogar mit dem Herzen.

Klappt das?

Und probiere auch einmal das Umgekehrte aus: Schaue traurig und frustriert und stelle dir dabei ein schönes, freudvolles Erlebnis vor ...

Du wirst merken, dass es gar nicht so einfach ist, Körper und Gefühle in zwei entgegengesetzte Richtungen bewegen zu wollen. Es ist schwierig zu lächeln, wenn man Wut spürt, und ebenso schwierig, Wut zu spüren, wenn man lächelt.

Und was heißt das alles nun? Ganz einfach: Den weißen Wolf zu füttern ist manchmal sehr leicht. Das klappt sogar allein durch deine Körpersprache. Jedes kleine Lächeln ist ein Häppchen für den weißen Wolf.

Wechselwetter

(aus Schwabing)

Zwei Freunde, ein Optimist und ein Pessimist, gingen an einem Waldsee spazieren. Die Sonne schien, die Vögel zwitscherten und es war weder zu warm noch zu kalt.

»Ach«, sagte der Pessimist, »es wäre ja ganz schön hier, wenn man nicht die Autobahn hören würde.«

Der Optimist lauschte. »Ja, da rauscht tatsächlich die Autobahn. Das ist ja kaum vom Rauschen des Waldes zu unterscheiden. Hörst du, wie schön die Amsel singt?«

»Ja, da pfeift etwas. Schau mal, dort am Ufer liegt eine Plastiktüte; furchtbar, manche Leute sind so wenig umsichtig.«

Der Optimist lief zum Ufer, hob die Plastiktüte auf und warf sie in einen Mülleimer. »Das Wasser ist fast warm! Ich glaube, ich ziehe mal die Schuhe aus!« Er zog Schuhe und Strümpfe aus und stieg ins Wasser. »Herrlich! Das musst du auch ausprobieren!«

Der Pessimist winkte verächtlich ab. »Nachher sind die Strümpfe nass und ich bekomme Fußpilz.«

Der Optimist lachte. »Komm, es tut wirklich gut, die Kiesel unter den Fußsohlen zu spüren.«

Missmutig zog der Pessimist Schuhe und Strümpfe aus und trat vorsichtig ins Wasser. »Igitt, das ist ja eiskalt. Und der Boden ist irgendwie schleimig. Nein, das ist nichts für mich ...«

Nach einer Weile gingen die beiden weiter. Der Pessimist beschwerte sich über seine nassen Socken, über eine matschige Stelle im Weg und dass es keinen Kiosk gäbe, an dem man ein kühles Bier kaufen könne – nun ja, wahrscheinlich wäre der Kühlschrank kaputt und das Bier warm, aber besser als nichts. Aber es gab ja ohnehin keinen Kiosk.

Sein Freund hörte zu, wies dann und wann auf schöne Dinge hin und auf ein Schild, das anzeigte, dass es nur noch hundert Meter bis zum Biergarten seien.

Dort tranken sie ein Bier, das zwar kühl war, aber nicht die Lieblingssorte des Pessimisten.

Dann fuhren sie nach Hause.

»Wie war dein Tag, Schatz?«, fragte die Frau des Optimisten.

»Schlimm. Ich bin mit meinem Freund um den See gelaufen und er meckerte in einem fort. Ich bin fix und fertig!«

»Wie war dein Tag, Liebling?«, fragte die Frau des Pessimisten.

»Fantastisch. Ich bin mit meinem Freund um den See gelaufen, und er hat mir gezeigt, wie viel Schönes ich verpasse, wenn ich nur auf die Probleme blicke. Wir sind sogar kurz in den See gestiegen und haben ein leckeres Bier getrunken. Ich könnte Bäume ausreißen!«

Worauf wartest du?

Ob du glücklich oder unglücklich bist, zufrieden oder unzufrieden – das ist, wie du ja längst weißt, vor allem eine Frage der Perspektive. Die äußeren Umstände lassen sich nur selten großartig verändern. Natürlich kannst du einen Schirm aufspannen, wenn es regnet, oder einen Löffel Zucker in den Kaffee tun, wenn er zu bitter schmeckt. Aber was, wenn du krank wirst oder ein nahestehender Mensch dich verletzt? Je weniger du im Außen ändern kannst, desto mehr musst du innen verändern; dazu gehört, dass du bewusst die Verantwortung für deine Perspektive übernehmen solltest. Nicht als moralische Pflicht oder so einen Quatsch, sondern einfach deshalb, weil es das Beste ist, was du tun kannst.

Um zufrieden zu sein, genügt oft schon ein einziger Augenblick. Es gibt immer einen Punkt, an dem du aufhören kannst, die Unzufriedenheit und Frustration in dir zu nähren. Du kannst viele Jahre im Dunkeln verbringen, und dann ziehst du eines Tages den schweren Samtvorhang auf und lässt die Sonne ins Zimmer, und die Dunkelheit weicht schlagartig. Du kannst den ganzen Tag mit Jammern verbringen – wie der Pessimist in der Geschichte –, und abends fällt dir ein, dass der Tag eigentlich doch recht schön war, und du kannst loslassen.

Ich habe einmal zwei Wochen in Südfrankreich verbracht, und da es sehr heiß, die Unterkunft drittklassig und mein Rücken ziemlich lädiert war, war ich alles andere als in Urlaubsstimmung. Am letzten Tag jedoch saß ich nachmittags im warmen Sand und erkannte zum ersten Mal in diesem Urlaub, wie traumhaft schön diese Bucht eigentlich war, in die sich das azurblaue Meer mit seinen weißen Schaumkronen schmiegte. Und so konnte ich in diesem Augenblick endlich doch noch loslassen und dankbar sein, weshalb mir die Zeit in Frankreich letztlich in guter Erinnerung geblieben ist.

Nach einem ganzen Leben voller Widerstände und Anspannungen kannst du notfalls auch auf dem Totenbett noch zu dir finden und Glück und tiefen Frieden erfahren. Du kannst deine Sichtweise jederzeit ändern, sogar dann, wenn es schon kurz vor zwölf ist.

Andererseits: Willst du es wirklich darauf ankommen lassen? Die Uhr tickt, die Zukunft ist ungewiss und dein weißer Wolf hat Hunger. Worauf also wartest du noch?

Achtsamkeitsexperiment: »Man könnte es auch so sehen«

Wie können wir unsere Perspektive verändern? Wie können wir lernen, die Dinge auf eine neue, hilfreichere Weise zu sehen? Manchmal geschieht das ganz von selbst, etwa, weil wir älter und reifer werden oder weil wir neue Erfahrungen machen, die alles verändern. Doch du kannst auch einen bewussten Veränderungsprozess in deinem Denken in Gang setzen.

Es gibt eine Methode, die sich Reframing nennt. Dabei nimmst du eine neue Sichtweise ein, indem du gezielt versuchst, die Dinge, die passieren, auf eine andere Art als sonst zu interpretieren. Im Grunde kennst du das bestimmt schon. Ein bekanntes Beispiel ist das bis zur Hälfte gefüllte Glas, das du statt als halb leer auch als halb voll ansehen kannst. Oder die sprichwörtliche Zitrone, die dir das Leben zuspielt, und aus der du eine Limonade machen kannst. Du veränderst einfach nur deine Perspektive.

Wenn du lernen willst, die Dinge auf eine neue Weise zu sehen, solltest du dich fragen, was der *mögliche Vorteil* sein könnte, der in der schwierigen Situation verborgen ist. Wenn die Dinge nicht so laufen, wie du dir das vorstellst – *welche Chance gibt es dann dabei für deine Entwicklung?*

Eine Chance gibt es auf jeden Fall immer: Wenn du deinen Blick weitest, durchbrichst du damit eingefahrene Denkgewohnheiten. Und die Folge ist, dass du freier und gelassener wirst.

Immer wenn du auf eine Situation negativ reagierst und dir innerlich so etwas sagst wie »Mist«, »Das darf doch wohl nicht wahr sein«, »Ausgerechnet jetzt«, »Ausgerechnet ich«, dann kannst du versuchen, deine Perspektive zu verändern.

Beispielsweise könnte aus »Mist, wieder kein Parkplatz in der Nähe« so etwas werden wie »Ich sitze sowieso so viel herum, gut, dass ich wenigstens jetzt ein Stück zu Fuß gehen kann. Die Bewegung wird mir auf jeden Fall guttun«.

Aus einem ärgerlichen Stromausfall könnte ein romantischer Abend mit Kerzenlicht werden, aus einem unerfreulichen Regenguss die wunderbare Gelegenheit, dich in ein Café zu setzen und ein Stück Kuchen zu essen ...

Frage dich im Ernstfall:

- Was macht die vermeintliche Katastrophe eigentlich genau aus? Was bringt mich gerade aus dem Konzept?
- Wie könnte die saure Zitrone zur erfrischenden Limonade werden? Könnte man es auch anders sehen?
- Welche Möglichkeiten gibt es jetzt konkret, in diesem Augenblick alte Gewohnheiten zu durchbrechen und trotz allem zu lächeln und locker zu bleiben?

Selbst bei Herausforderungen, die die meisten Menschen verzweifeln lassen, kann diese Methode die entscheidende Wende bringen. Wenn uns der Job gekündigt wird, können wir vielleicht zum ersten Mal überhaupt darüber nachdenken, was wir eigentlich wirklich gern machen würden und worin unsere Herzensziele bestehen. Wenn wir krank werden, können wir überlegen, ob es jetzt mal an der Zeit wäre, die Dinge, an denen uns unser Leiden hindert, loszulassen oder insgesamt zu mehr Ruhe zu finden und besser auf uns zu achten. Und bei einem Verlust können wir vielleicht eine Möglichkeit finden, jenseits aller Trauer auch Dankbarkeit zu empfinden und die guten Qualitäten zu pflegen, die den Menschen ausgezeichnet haben, der uns verlassen hat.

Die Mönche und das Mädchen

(aus Indien)

Zwei fromme Mönche pilgerten einst zum Jetavana Hain, um den Lehren des Buddha zu lauschen. Beide waren noch jung und ihre Gelübde waren ihnen heilig. Insbesondere mit den Geboten des Schweigens, des Mitgefühls und der Keuschheit nahmen sie es sehr ernst. Sobald die Sonne aufging, rezitierten sie die Verse aus den heiligen Sutras und verbrachten anschließend viele Stunden in tiefer Meditation. Bis die Sonne im Zenit stand, schwiegen sie. Und wann immer ihnen eine Frau auf dem Weg begegnete, wandten sie rasch die Augen ab.

Eines Morgens, die Mönche hatten bereits ihre Rituale verrichtet, gelangten sie zur Furt des großen Flusses. Der Fluss führte zwar Hochwasser, doch für einen kräftigen Mann war es immer noch ein Leichtes, ihn an dieser Stelle zu überqueren. Wohl würde ihm das Wasser bis an die Brust reichen und er müsste sich kraftvoll der Strömung entgegenstemmen – doch sie war nicht stark genug, um ihn mitzureißen. Die beiden Mönche hatten auf ihrer Wanderung schon weitaus schwierigere Gefahren gemeistert.

Als sie dem Fluss näher kamen, erblickten sie ein junges Mädchen in der Blüte seiner Schönheit. Die Mönche wandten die Augen ab von dem verführerischen Bild. Das Mädchen jedoch lief zu ihnen, zupfte an ihren Roben und sprach unter Tränen: »Liebe Brüder, helft mir! Meine Eltern sind gestorben, und die einzigen Verwandten, die ich noch habe, leben auf der anderen Seite des Flusses. Könnt ihr mir helfen, hinüberzukommen?«

Die Mönche sahen sich an. Sie sprachen kein Wort, denn es war noch Schweigezeit. Dann gingen sie wortlos weiter zum Fluss. Das Mädchen lief ihnen hinterher und flehte sie an, ihr zu helfen. Schon waren sie einige Schritte weit im Wasser, da sahen sich die Mönche nochmals an. Der eine schüttelte entschlossen den Kopf, der andere lächelte, schloss kurz die Augen, dann wandte er sich der jungen Frau zu und hob sie auf seine Schultern.

Unbeschadet erreichten sie das andere Ufer. Der Mönch, der das Mädchen getragen hatte, setzte sie ab und wandte sich sogleich um. Unter Dankesbezeugungen der Jungfrau zogen die frommen Männer schweigend weiter, denn es waren noch zwei Stunden bis zum Mittag.

Als schließlich die Sonne an ihrem höchsten Punkt stand, endete die Schweigezeit, und der eine Mönch sprach zum anderen: »Höre Bruder, was mir nicht aus dem Sinn geht: Wie willst du es rechtfertigen, dass du das Gelübde gebrochen hast, keine Frau zu berühren? Vielleicht willst du dich auf das Gebot des Mitgefühls berufen – doch hätte die junge Frau wohl auch ohne uns bald Hilfe gefunden und …«

Da lachte der andere und sprach: »Halte ein, Bruder! Ich habe das Mädchen nur kurz über den Fluss getragen und es am anderen Ufer abgesetzt – du aber trägst es immer noch mit dir herum!«

Vertraue der Intelligenz deines Herzens

Das Leben ist ein Spiel – aber wo um alles in der Welt sind die Spielregeln? Ganz einfach: Das wichtigste Prinzip des Lebens besagt, dass es gar kein Prinzip gibt! Wir müssen unsere Regeln wohl oder übel selbst aufstellen. Ohne darüber nachzudenken, tun wir das auch alle. Menschen haben Werte, wenn auch sehr unterschiedliche. Und auf diesen Werten gründen ihre Prinzipien, die sich natürlich ebenfalls stark unterscheiden. Meine Prinzipien sind nicht die deinigen, und das ist auch gut so, denn so bleibt die Welt bunt und aufregend.

Ein Freund von mir ist Dirigent. Er hat, was man gemeinhin »eiserne Prinzipien« nennt. Er steht jeden Morgen um 6:30 Uhr auf, duscht kalt, rührt keinen Alkohol an, ist ein Workaholic, wie er im Buche steht, und isst keinen Weizen, weder Brot noch Nudeln oder Pizza. Vor Kurzem habe ich ihn mal gefragt, ob er denn sehr unter seiner Glutenunverträglichkeit leide. Er sah mich mit großen Augen an und meinte, dass er überhaupt keinen Unterschied merke, ob er nun Pizza esse oder nicht, da er Gluten an sich gut vertrage. Allerdings hätte er mal ein Buch gelesen, das vor den Gefahren des Weizens gewarnt hätte, und da habe er sich entschieden, seine Ernährung umzustellen.

Ob er viel Spaß am Leben hat, weiß ich allerdings nicht.

An sich sind feste Spielregeln gar keine schlechte Sache. Beispielsweise sind ethische Prinzipien wie etwa die Regeln, nicht zu töten, zu stehlen oder zu verletzen ein Segen für die Menschheit. Wenn sich nur jeder daran hielte, hätten wir eine bessere Welt und könnten uns alle sicherer und wohler fühlen.

Auf der anderen Seite können Prinzipien aber auch zu Fesseln werden. Ich staune immer wieder über die zahlreichen Neuerscheinungen zum Thema »richtige Ernährung«. Der Frühling zieht ins Land und mit ihm ein Heer an neuen Diätbüchern. Da heißt es dann je nachdem: »Bloß keine Kohlenhydrate«, »Hauptsache vegan«, »Am besten nur Steinzeiternährung mit viel Fleisch«, »Zucker ist an allem schuld«, »Low-Carb muss sein«, »Low-Fat ist besser«, »Getreide ja«, »Getreide nein«, »Rohkost ja«, »Rohkost nein«.

Prinzipien können unsere Handlungsfreiheit stark einschränken. Sie gründen auf Ansichten und Meinungen. Doch vergessen wir nicht, unsere Meinungen sind nur Gedankenkonstrukte. Und viele davon werden aus fragwürdigen Quellen gespeist. Wie vertrauenswürdig sind diese Bücher und Zeitschriften überhaupt, die sich auch noch dauernd widersprechen? Religionsführer sind sich bekanntlich auch nicht gerade eins. Und selbst, wo es um unsere eigenen Erfahrungen geht, sollten wir keine voreiligen Regeln aufstellen. Was heute gut und richtig ist, kann morgen schon ausgesprochener Quatsch sein.

Buddhistische Mönche haben beispielsweise recht klare Prinzipien. In der Klostertradition des Theravada gibt es die Regel, dass Mönche keine Frauen berühren dürfen. Was aber, wenn eine junge Frau weinend am Ufer sitzt und dringend Hilfe braucht, wie in der Geschichte?

Da jeder letztlich selber für seine Prinzipien verantwortlich ist, ist jeder auch dafür verantwortlich, im richtigen Augenblick intelligente Ausnahmen zu machen.

Dazu fällt mir noch eine weitere buddhistische Geschichte ein:

Auf einer seiner Wanderungen wurde Buddha von einer armen Bauernfamilie eingeladen, die Nacht in ihrer Hütte zu verbringen. Zu seinen Ehren opferten die frommen Menschen ihr einziges Schwein, denn sie waren fest entschlossen, alles, was sie besaßen, mit dem heiligen Mann zu teilen. Und jetzt rate mal, ob Buddha sich auf das Gebot des Nichttötens berufen und den Schweinebraten zurückgehen hat lassen? Natürlich nicht. Nach dem Besuch wurde Buddha dann auch prompt von einem seiner Mönche darauf angesprochen. Buddha erklärte, dass es die armen Bauern tief verletzt hätte, wenn er das unter so großen Opfern dargereichte Essen verschmäht hätte.

Regeln sind gut. Sie geben dem Leben eine Struktur. Wo aber Prinzipien »eisern« und zur Fessel werden, verwandeln sie dich in einen Roboter, der stur seinen einprogrammierten Mustern folgt.

Wann immer du »Ich muss«, »Ich darf nicht« oder »Ich würde niemals« sagst, weil es ums Prinzip geht, solltest du dich fragen: »Wer sagt das? Stimmt das wirklich? Gibt es keine Situationen, in denen es sogar sehr klug wäre, diese Prinzipien zu durchbrechen?«

Welche Situationen fallen dir zum Beispiel jetzt gerade ein, in denen es heilsam wäre, mal eine Ausnahme zu machen?

Hier noch eine »Regel« zum Schluss. Es gibt nämlich doch ein Prinzip, das du immer über alle anderen stellen kannst. Es lautet: Folge der Intelligenz deines Herzens! Wenn dein Kopf »Du musst« sagt, dann frage dein Herz, ob das auch wirklich stimmt.

Die schwere Frage

(aus Rumänien)

Auf einem Berg wohnte ein weiser, alter Zauberer, von dem man sagte, er wisse die Antwort auf jede Frage. Man sagte auch, dass der Zauberer jedem, der ihm eine Frage stelle, die er nicht beantworten könne, einen Wunsch erfülle. Nun sind die Wünsche der Menschen zwar zahlreich und ihre Begierde unersättlich, doch der Weg auf den Berg war doch beschwerlich. Und wer wusste schon, ob der Zauberer einem dann wirklich einen Wunsch erfüllte?

Zwei Knechte aber waren neugierig und vorwitzig, und es gelüstete sie nach einem freien Wunsch. Auf dem Weg durch den Wald überlegten sie, welche Frage sie wohl stellen könnten, die der Zauberer nicht beantworten konnte.

»Ich frage ihn danach, was ich unter meinem Kopfkissen verborgen habe.«

»Und was ist das?«

»Eine Goldmünze, die ich unserem Meister gestohlen habe. Aber du verrätst mich nicht, oder?«

Der andere lachte. »Keine Sorge. Ich habe zwei Münzen gestohlen; aber es sind nur silberne.«

»Und welche Frage stellst du?«

Der andere grübelte. Er war ein wenig schlauer als der andere. Schließlich hatte er eine Idee. Er stieg auf einen Baum und holte ein Vogeljunges aus einem Nest.

»Was willst du damit?«, fragte sein Kamerad.

»Ich frage den Zauberer, was ich in der Hand hinter meinem Rücken halte. Er ist ein schlauer alter Zauberer und vielleicht errät er, dass es ein Vogel ist. Dann werde ich sagen: Ja, aber ein lebendiger oder ein toter Vogel? Wenn er sagt, dass der Vogel tot sei, zeige ich ihm das lebendige Küken – sagt er aber, es sei ein lebendiger Vogel, so zerdrück ich ihn mit der Hand und der Zauberer hat falsch geantwortet und schuldet mir einen Wunsch.«

Der Erste staunte über den Plan und wünschte, er hätte ihn sich ausgedacht.

Als sie an die Hütte des Zauberers kamen, stand dieser bereits da, als ob er auf die beiden gewartet hätte. Nun bekamen die Burschen doch ein wenig Angst, aber jetzt war es zu spät, umzukehren.

»Großer Zauberer«, flüsterte der Erste. »Was verstecke ich unter meinem Kopfkissen?«

Der Zauberer schüttelte den Kopf und legte die Stirn in Falten. »Das ist eine alberne Frage, du kleiner Zeit- und Golddieb. Mach dich fort!«

Und wie von Geistern gejagt, rannte der Knecht den Berg hinunter.

Sein Kamerad war jedoch siegesgewiss, und so fragte er: »Großer Zauberer, was halte ich in der Hand hinter meinem Rücken?«

Die Augen des Zauberers schienen Blitze zu versprühen. »Einen Vogel.«

»Ja, aber ist der Vogel tot oder lebendig?«

»Sein Leben liegt in deiner Hand.«

Der Knecht dachte ein wenig nach, dann senkte er die Augen und brachte das Vögelchen in sein Nest zurück.

Nicht eingreifen

Im Gegensatz zu dem alten Zauberer auf dem Berg können wir anderen sicher nicht alle Wünsche erfüllen. Ein paar Dinge aber haben wir bestimmt, die der eine oder andere ganz gut gebrauchen könnte. Der eine will vielleicht unser Geld, ein anderer unsere Zeit. Dass auch andere Menschen ihre Wünsche haben, ist an sich kein Problem. Ich kann gut verstehen, dass die beiden jungen Knechte aus dem Märchen sich einen Sack voll Gold wünschten, wer könnte so einen Sack nicht auch selbst ganz gut gebrauchen? Wenn andere jedoch zu unlauteren Mitteln greifen oder – etwas drastischer ausgedrückt –, wenn sie uns betrügen und hintergehen wollen, dann wird das Ganze unschön.

Selbst wenn du deinen eigenen schwarzen Wolf inzwischen bereits ganz gut im Griff haben solltest und Gier, Ärger oder Falschheit kein großes Thema mehr für dich sind, so musst du dich leider immer noch mit den schwarzen Wölfen der anderen herumschlagen. Diebe und Betrüger wirst du an jeder Straßenecke finden. Ein Blick auf den aktuellen Zustand unserer Welt, und es besteht wohl kein Zweifel mehr daran, dass ein Großteil der Menschheit sich von egoistischen Interessen leiten lässt. Und leider sind einige sogar bereit, über Leichen zu gehen – und seien es auch nur Vogelleichen ...

Der weise Zauberer vom Berg ist vor allem deshalb weise, weil er sich von der hinterlistigen Methode des Knechts mit dem Vögelchen in der Hand nicht aus der Ruhe bringen lässt, obwohl er sie durchaus durchschaut. Er praktiziert das, was man im alten China »Wu-Wei« nannte, die Philosophie des »Nicht-Eingreifens«. Er enthält sich einer Meinung, fängt nicht an zu argumentieren, rät dem Knecht zu nichts und geht auch nicht zum Gegenangriff über, geschweige denn, dass er »Lass sofort den Vogel los!« schreit. Stattdessen wirft er seinen Besucher auf sich selbst zurück, denn der Zauberer weiß, dass jeder seine eigene Entscheidung treffen muss.

Wu-Wei, die Philosophie des Nicht-Handelns, hat nichts mit stumpfer Passivität zu tun, sondern erfordert im Gegenteil viel Achtsamkeit und Einsicht. Nicht alles liegt in unserer Hand, und genau genommen ist es nur sehr wenig, das da hineinpasst. Ob andere dumme oder weise Entscheidungen treffen, kannst du leider nicht beeinflussen. Eines aber kannst du tun: Vertraue darauf, dass auch der andere, ja selbst der Mensch, der dich ausnützen will, grundsätzlich Zugang zur Quelle seiner Weisheit hat. Und sehr wahrscheinlich wird er diesen Zugang umso schneller und leichter finden, je unmissverständlicher du ihm eines klarmachst: »Ob du den Vogel tötest oder nicht, ob du deinen schwarzen Wolf oder lieber den weißen fütterst – das liegt allein in deiner Hand.«

Der Goldfischteich

(aus China)

Herr Yu Li besaß einen Teich, darin schwammen die herrlichsten Goldfische. Herr Li war stolz auf seine Fische, und das zu Recht: Sie waren die schönsten im ganzen Reich, und Menschen kamen von weit her, um die prächtigen Fische zu bestaunen. Nur selten verkaufte Herr Yu einen seiner Fische, doch der Preis war dann so hoch, dass Herr Yu ein gutes Auskommen hatte.

Besonders stolz war er auf seinen Jade-Gold-Karpfen, der in reinstem Gold schillerte und wie aus grünem Jadestein geschnitten eine Zeichnung auf seiner Seite trug, die dem Umriss des Landes ähnelte. Herr Yu meinte, dies müsse der Kaiser aller Karpfen sein. Und auch der Karpfen war davon überzeugt, etwas ganz Besonderes zu sein, und war sehr stolz darauf.

Als der große Kaiser von den Fischen des Herrn Yu hörte, war er, da er selbst die Goldfischzucht liebte, im Stillen ein wenig eifersüchtig auf dessen Fische. Er beschloss, Herrn Yu aufzusuchen und ihm seinen schönsten Karpfen abzukaufen.

Herr Yu wurde blass, als ihm der Kaiser angekündigt wurde. Mit einer solchen Ehre hatte er niemals gerechnet, und er fürchtete, sich nicht als würdig zu erweisen. Doch der Kaiser hieß ihn aufstehen, als er sich immer wieder zu Boden warf, und sprach mit ihm von Liebhaber zu Liebhaber von Goldfischen.

Herr Yu war ein treuer Untertan und fühlte sich vom Vertrauen des großen Kaisers sehr geschmeichelt, und so vergaß er seine Selbstsucht und beschloss, seinem Kaiser seinen schönsten Fisch zu schenken, den

Jade-Gold-Karpfen, den Kaiser aller Karpfen. Doch wer war er schon, dass er wählte? So sprach er denn: »Oh Kaiser, wählt den schönsten unter allen meinen Karpfen aus, ich schenke ihn Euch gern, um Euch meiner Treue zu versichern!«

Hocherfreut nahm der Kaiser das Geschenk an und erwähnte nicht, dass er nun umsonst bekam, für was er sonst eine ganze Truhe Gold hingegeben hätte. So stand der Kaiser am Teich und beobachtete die Karpfen, denn deren Schönheit offenbarte sich nicht unbedingt auf den ersten Blick. Herr Yu verstand das Zögern des Kaisers jedoch nicht und sprach: »Seht doch Herr, hier ist der schönste Fisch von allen!«

Der Kaiser blickte suchend auf den Teich. Dann sah er Herrn Yu fragend an. Der zeigte wieder auf seinen Liebling: »Hier, der Jade-Gold-Fisch – nur er ist Eurer würdig.«

Der Kaiser runzelte die Stirn, dann aber lachte er und klopfte Herrn Yu auf die Schulter. »Du verstehst es zu scherzen, mein Lieber! Der dickste Fisch, prunkvoll glänzend, aber mit grünem Schmutzfleck auf der Seite ... gerade den willst du mir schenken? Und all die schönen Prachtstücke wohl für dich behalten?«

»Nnnein«, stotterte Herr Yu. »Der Jadefleck an seiner Seite – hat er nicht die Umrisse unseres Landes?«

Der Kaiser legte den Kopf schief und betrachtete den Karpfen. »Nun, wo du es sagst. Doch sieh den dort hinten, welch wunderbare Form der Schwanzflosse! Darauf kommt es an! Diesen wähle ich mir. Unser Dank ist dir gewiss.«

Herr Yu blieb grübelnd zurück. Wie konnte der Kaiser übersehen, dass sein Gold-Jade-Karpfen etwas Besonderes war?

Am nächsten Tag besuchte ihn ein reicher Kaufmann. Auch er wollte unbedingt einen der Fische des Herrn Yu. Geschenkt wie der Kaiser bekam er keinen, doch mittels einer Truhe voller Gold erhielt er das kaiserliche Recht, sich einen der Fische auszusuchen.

Herr Yu wies den Kaufmann nicht auf seinen Liebling hin; doch der

Kaufmann erblickte den Fisch sogleich. »Oh, welch ein einmaliges Exemplar!«, rief der Kaufmann. »Die Mooszeichnung an seiner Seite sieht fast wie eine Karte unseres Landes aus.«

»Jade ...«, korrigierte Herr Yu, und wurde bleich. Nun würde ihm sein Lieblingsfisch wohl doch noch genommen. Doch er hatte sich umsonst gesorgt. Denn der Kaufmann fuhr fort: »Er ist aber allzu schillernd und der Fleck an seiner Seite ... Aber seht, dieser Karpfen dort: Er hat tatsächlich grüne Augen! Den will ich!«

Herr Yu verstand es nicht. Kaiser und Kaufmann hatten die Besonderheit des Fisches nicht erkannt. Er zweifelte an seinem Urteilsvermögen. Nun, er würde es überprüfen. Er würde den nächsten Bettler fragen, welchen Fisch er wählte und ihm diesen schenken – wählte der Bettler seinen Lieblingsfisch, so konnte Herr Yu immerhin wieder seinem Urteil trauen.

Der nächste Bettler wurde in den Garten zum Teich gerufen und vor die Wahl gestellt. Ohne zu zögern rief der Bettler: »Ich nehme den golden glänzenden, den mit dem Jadestück in der Form des Landes an seiner Seite!«

Herr Yu wusste nicht, ob er lachen oder weinen sollte. Doch da er ein ehrlicher Mann war, gab er dem Bettler seinen Jade-Gold-Karpfen. Er möge ihm nur bitte sagen, wie er auf seine Wahl gekommen sei.

»Nun«, sprach der Bettler, »das war leicht. Deine Fische, edler Herr Yu, sind alle ganz wunderbar; jeder ist etwas ganz Besonderes. Die Schwanzflossen sind bei jenem besonders lang, bei diesem haben sie einen besonderen Schwung, bei wieder einem anderen sind die Schwanzspitzen mit goldenen Punkten geziert. Hier sehe ich einen mit goldenen Augen. Dieser trägt rotgoldene Farben, die das Zeichen für ewiges Leben bilden. Jeder deiner Fische ist ganz wunderbar und einmalig.«

»Aber warum wähltest du dann den Jade-Gold-Karpfen?«

»Nun, auch er ist ganz einmalig: dieser Goldglanz und diese herrliche Jadezeichnung!«

»Nicht wahr? Er ist der Einmaligste unter all meinen Fischen.«

»Der Einmaligste?«, lachte der Bettler. »Aber Herr Yu, was redest du da? Ich habe den Fisch gewählt, weil er der dickste ist und ich seit zwei Tagen keinen Bissen mehr gegessen habe!«

Manches können wir nicht verstehen

Manches können wir nicht verstehen,
lebt nur fort, es wird schon gehen.

J. W. Goethe, Zahme Xenien

Die Washington Post veröffentlichte vor einigen Jahren einen Artikel über ein aufschlussreiches Experiment, das sie selbst in Auftrag gegeben hatte. Ziel der sozialen Studie war es, etwas über Wahrnehmung, Geschmack und Vorlieben von Menschen im Alltag herauszufinden.

An einem kalten Wintermorgen packte ein junger Mann in Jeans seine Geige aus und begann an einer belebten U-Bahn-Haltestelle in Washington D. C. einige Violinstücke von Bach zu spielen. Zu dieser frühen Stunde passierten rund 2000 Menschen die Haltestelle, die meisten waren auf dem Weg zur Arbeit.

Nach sieben Minuten warf eine Frau einen Dollar in den Hut des Straßenmusikers.

Nach etwa zehn Minuten blieb ein Mann eine Weile stehen, um ihm zuzuhören, blickte dann aber auf die Uhr und setzt seinen Weg eilig fort.

Nach 15 Minuten wollte ein dreijähriger Junge dem Geiger lauschen, wurde aber von seiner Mutter weitergezerrt. Ebenso erging es einigen anderen Kindern, die quengelten, weil sie zuhören wollen, jedoch ausnahmslos von ihren Eltern weitergetrieben wurden.

Nach 45 Minuten wurde das Experiment beendet. In diesem Zeitraum waren sechs Leute stehen geblieben, rund zwanzig hatten im Vorbeigehen achtlos einige Münzen in den Hut geworfen – die Gesamteinnahmen des Straßenmusikers beliefen sich auf rund dreißig Dollar. Kurz darauf packte der junge Mann seine Geige wieder ein und verschwand.

Was niemand wusste: Bei dem »Straßenmusiker« handelte es sich um keinen anderen als um Joshua Bell, einen der größten Geiger unserer Zeit. Er spielte auf einer Violine im Wert von 3,5 Millionen Dollar und hatte dieselben Bach-Sonaten am Abend zuvor in Boston vor ausverkauftem Haus gespielt – die Eintrittskarten kosteten durchschnittlich hundert Dollar.

Die Fragen, die das Experiment aufwirft, sind einfach. Die Antworten auch:

- Wird Schönheit im Alltag erkannt? Nein.
- Wird das Besondere wahrgenommen? Nein.
- Wird Talent erkannt? Nein.

Wie konnte Herr Yu Li da nur davon ausgehen, dass der Kaiser, der Kaufmann oder der Bettler die Besonderheit seines erlesenen Goldfisches hätten erkennen müssen?

»Manches können wir nicht verstehen …« Macht aber nichts. Bleibe gelassen. Und außerdem: Wer weiß schon, ob das, was du so besonders findest, es auch wirklich ist? Es ist nicht hilfreich, sich allzu viel auf seine Leistung, sein Aussehen oder seinen Besitz einzubilden. Wenn du dem vermeintlich Besonderen nämlich zu viel Aufmerksamkeit schenkst, ist auch das nur eine Form von Anhaften, die dich letztlich ein bisschen weniger offen und ein bisschen weniger frei macht. Und mehr noch: Was dir besonders erscheint, scheint jemand anderem vielleicht ganz langweilig und uninteressant. Welche Zeitverschwendung ist es daher, etwas Besonderes sein zu wollen, oder gar andere davon überzeugen zu wollen. Zumal du dir klarmachen solltest: Etwas Besondereres als dich gibt es ohnehin nicht, denn du bist einmalig im ganzen Universum!

Vor rund 1500 Jahren begegnete Kaiser Liang Wu Di dem Bodhidharma, der als der erste Patriarch der Zen-Meditationslinie gilt. Er wollte ihn mit seinen »besonderen« Leistungen beeindrucken:

Der Kaiser sprach: »Ich ließ zahlreiche Tempel bauen. Ich ließ die Predigten des Buddha hundertfach abschreiben und Mönche weihen. Welche Verdienste habe ich mir auf diese Weise erworben?«

Bodhidharma erwiderte: »Dies alles sind nur wertlose Verdienstgründe. Sie gleichen Schatten, die der Gestalt folgen, und sind gänzlich unwesentlich.«

Der Kaiser sprach: »Worin bestehen wahre Verdienste denn sonst?«

Daraufhin erwiderte Bodhidharma: »Es ist das reine Wissen, geheimnisvoll und wunderbar. Sein Wesen ist Leere und Stille. Durch weltliches Tun lässt sich dies niemals erlangen.«

Daraufhin fragte Liang Wu Di abermals: »Welches ist der höchste Sinn deiner Lehre?«

Bodhidharma antwortete: »Offene Weite – nichts von heilig.«

Da ist nichts Heiliges, das es anzubeten, nichts Besonderes, das es herauszustellen gilt, denn aus der Sicht des Befreiten ist alles heilig und besonders. Oder eben anders herum: gar nichts.

Der Reiche und der Schneider

(aus Frankreich, nach Jean de La Fontaine)

In der Stadt lebte ein armer Schneider. Ja, arm war er wohl, aber doch auch stets fröhlich und zufrieden. Morgens, wenn er aufstand, pfiff er mit den Vögeln um die Wette lustige Weisen, bei der Arbeit sang er muntere Liedchen, und abends spielte er für Frau und Kind auf der Fiedel. Nicht selten kamen die Nachbarn zu Besuch, und sie machten gemeinsam Musik. So arm der Schneider auch war, so führte er doch ein glückliches Leben.

Sein Nachbar war ein reicher Kaufmann und stets mürrisch und unzufrieden. Morgens störte ihn das Pfeifen des Schneiderleins, tagsüber das Singen und abends das Fiedelspiel und der Lärm der lustigen Nachbarn. So reich der Kaufmann auch war, so führte er doch ein unglückliches Leben.

Und so grübelte er darüber nach, wie er den Schneider zum Schweigen bringen könne. Er wollte gar das Haus des Schneiders kaufen, doch das gehörte dem Bürgermeister, der es nicht hergeben wollte. Schließlich fasste der Kaufmann einen Entschluss. Er lud den Schneider zu sich ein, tat ihm freundlich, lobte seine vollendete Nachahmung der Vögel, seine Lieder und sein Fiedelspiel. Der Schneider wunderte sich sehr, denn oft hatte er den Nachbarn über all den fröhlichen Lärm schimpfen hören. Dennoch freute er sich über das Lob. Der Kaufmann lächelte, zog einen Beutel voller Goldtaler heraus – mehr als der Schneider in vielen Jahren verdienen konnte – und überreichte ihn dem Schneider, der nicht wusste, wie ihm geschah.

Als er nach Hause kam, verbarg er den Beutel unter seinem Mantel und erzählte Frau und Kind nichts davon. Stattdessen schlich er in die Kammer, verschloss die Tür hinter sich und betrachtete den Schatz. Das glänzende Gold blendete die Augen und das Herz des Schneiders und er sah das kalte Gold an wie den warmen Körper einer Geliebten. Er verstaute das Gold wieder im Beutel und sann über ein Versteck nach. Schließlich verbarg er es unter dem Bett. Doch mitten in der Nacht wachte er auf und glaubte, dass Diebe das Gold stehlen wollten. Das Versteck war doch zu unsicher. Und so nähte er das Gold in Kissen ein. Bald war ihm auch dieses Versteck nicht sicher genug und er ersann ein neues. Morgens pfiff er nicht, denn er war erschöpft von den Albträumen, in denen Räuber ihn um seinen Schatz brachten. Tagsüber sang er nicht, da er an das Gold dachte. Er arbeitete auch kaum noch, denn er war ja nun reich. Aber ausgeben wollte er das Gold auch nicht, er wollte es besitzen. Und so schien die Schneiderfamilie noch ärmer zu sein als zuvor. Es wurde auch trostloser, denn der Schneider spielte abends nicht mehr die Fiedel, und Nachbarn wollte er nicht gern zu Besuch, da die vielleicht das Gold finden und stehlen würden.

Der Reiche saß am Fenster und lachte: Genau so hatte er es geplant. Und dabei waren die Taler falsch, aus Katzengold.

Das Herz des Schneiders war vom Gold verblendet, doch nicht vollends, da er ein guter Mensch war. So sprach er eines Tages mit seiner Frau, und die schalt ihn einen Toren: Das Gold war nicht ehrlich erworben und brächte kein Glück. Und wäre es denn ehrlich erworben, wäre es zu nichts nütze, wenn es die Fröhlichkeit koste.

Das sah der Schneider ein. Und noch am selben Abend klopfte er an des Nachbarn Tür und sprach: »Lieber Nachbar, dein Gold lastet zu schwer auf meinem Herzen. Es ist viel besser bei dir aufgehoben.«

Bevor der Reiche antworten konnte, war der Schneider auch schon davon. Am nächsten Morgen hörte man den Schneider wieder mit den Vöglein um die Wette singen und sein Jubilieren war von solcher Fröhlichkeit, dass er an diesem Tag den Wettstreit gewann.

Haben oder Sein

Als Ursache für unser Unglück hat Buddha bereits vor über zweitausend Jahren das »Anhaften« ausgemacht. Ich denke, dass die Buddhisten vollkommen richtig liegen, wenn sie behaupten, dass der Großteil aller menschlichen Probleme, wenn nicht sogar alle, genau darin begründet liegt: dass wir nämlich an Dingen anhaften. Wir *kleben* an unseren Erwartungen fest, sind *gefesselt* von unseren Trieben und Bedürfnissen und *ketten* uns an andere Menschen oder unseren Besitz. Und je verzweifelter wir an alledem festhalten, desto schwerer fällt es uns natürlich, loszulassen.

Besonders verführerisch ist es seit jeher, an Gold oder Geld anzuhaften. Je mehr wir besitzen – so lautet der verbreitete Irrtum – desto mehr »sind wir wert«. Mit Büchern, die das genaue Gegenteil behaupten, könnte man allerdings ganze Bibliotheken füllen. Und die meisten dieser Werke stammen aus der Feder von sehr schlauen Leuten, die sich viele Gedanken gemacht haben. Dabei bedarf es an sich keiner ausgeklügelten Philosophie, um sofort zu erkennen, dass Habsucht nicht glücklich macht. Handeln nicht Massen von Trivialromanen und herzzerreißenden Vorabendserien genau davon, dass nicht das Geld zählt, sondern einzig die Liebe?

Die entscheidende Frage ist immer: Wer besitzt eigentlich wen, wir unseren Besitz oder er uns? Das ist jedoch nicht immer leicht zu beantworten. Denn natürlich kannst du auch gelassen, entspannt und frei sein, wenn du Millionär bist. Theoretisch jedenfalls ...

In seinem gesellschaftskritischen Werk *Haben oder Sein* beschreibt der berühmte Psychoanalytiker und Sozialpsychologe Erich Fromm, wie sehr unsere ganze Gesellschaft vom Habenwollen bestimmt wird. Der Existenzweise des Habens, durch die der Einzelne sich mehr und mehr von sich selbst entfremdet und dadurch unzufrieden und unglücklich wird, setzt er die Existenzweise des Seins entgegen: Nicht was einer *hat*, entscheidet über seine Zufriedenheit, sondern was einer *ist*. Nicht Horten führt zum Lebensglück, sondern eigenes Erleben.

Eine Freundin von mir arbeitete viele Jahre im Management eines schweizerischen Pharmakonzerns. Sie hat dabei sehr viel verdient, glücklich ist sie jedoch nicht geworden, im Gegenteil: Einige Wege, die der Konzern zur »Gewinnmaximierung« beschritt, konnte sie ganz und gar nicht mit ihrem Gewissen vereinbaren. Schließlich hat sie den Job hingeschmissen, eine Ausbildung zur Osteopathin gemacht und ihre eigene kleine Praxis eröffnet. Seither wirkt sie so zufrieden wie nie zuvor. Seit einiger Zeit ist sie nun Anhängerin des »Minimalismus«. Minimalisten verzichten auf alles, was sie nicht unbedingt brauchen. Und was meine Freundin betrifft, so neigte sie schon immer dazu, sehr konsequent zu sein. In ihrer Wohnung sieht es aus wie in einem Zen-Tempel. Es gibt fast keine Möbel, sie schläft auf einer Tatami-Matte auf dem Boden, hat sich von all ihren Büchern verabschiedet und ihr Auto verkauft. Sie macht jetzt »Car-Sharing« und schwärmt von einem unbeschwerten Leben ohne TÜV, Werkstatt, Tankstelle und Parkplatzsuche. Da sie kaum Geld ausgibt, muss sie nicht viel arbeiten. An drei Tagen in der Woche behandelt sie ihre Patienten und verbringt viel Zeit auf dem Fahrrad, in der Bücherei sowie mit ihrem Partner und ihren Freundinnen.

Was den weißen Wolf betrifft: Je mehr du dich darum kümmerst, dass dein Bankkonto sich füllt, desto wahrscheinlicher ist es, dass du vergisst, deinen weißen Wolf zu füttern. Verstehe mich nicht falsch: Du musst dein Auto nicht verkaufen, um zufrieden zu sein, und es ist meist keine schlechte Sache, viel Geld zu verdienen, weil sich manche Sorgen nicht so aufdrängen. Allerdings nur, wenn du es mit einer Arbeit verdienst, die dich wirklich erfüllt.

Der griechische Philosoph Demokrit schrieb, dass das Glück nicht in Besitz und Gold wohne, sondern in der Seele zu Hause sei. Wenn das, was du besitzt, deiner Seele zugutekommt, wenn dein Geld es dir ermöglicht, dein ganzes Potenzial zu entfalten und dich seelisch weiterzuentwickeln, dann ist das wunderbar. Wird das Gold unter deinem Bett zur Belastung, solltest du hingegen vorsichtig sein. Die Sicherheit, die Geld uns vorgaukelt, gibt es ohnehin nicht. Geld verliert seinen Wert, die Zinsen sind auch nicht mehr das, was sie mal waren, Börsenkurse stürzen ab und ganze Wirtschaftssysteme können den Bach runtergehen.

Wenn dein Besitz zu einer Last wird, die den Großteil deiner Gedanken und Gefühle bindet und eine Quelle zahlloser Sorgen und Ängste ist, dann habe ich eine gute Nachricht für dich: Du kannst Geld ganz schnell loswerden, ohne es verspielen zu müssen! Es gibt mehr als genug Menschen, die zu wenig haben, um zu überleben, und es gibt eine Menge unterstützenswerte Stiftungen und Hilfsorganisationen, die dringend Geld brauchen, um gute Dinge zu tun. Und natürlich kannst du auch dir selbst mit Geld nicht-materielle Wünsche erfüllen – du kannst Instrumente, Sprachen und Fertigkeiten lernen und die besten Lehrer bezahlen.

Der ernsthafte Mönch

(aus Tibet)

Der ehrgeizige und hochbegabte junge Mann überlegte, ob er sich der Medizin, der Baukunst oder den Wissenschaften widmen sollte. Doch er spürte, dass ihm bei all diesen Wegen das Wichtigste fehlte: das Geheimnis der Seele des Menschen. Und so trat er ins Kloster ein.

Es dauerte nicht lange, bis er durch seinen beständigen Fleiß alle seine Mitbrüder an Gelehrsamkeit und Wissen übertroffen hatte. Er schrieb kluge Abhandlungen, die ihm viel Ruhm einbrachten und sich im ganzen Land verbreiteten. Er gierte nicht sonderlich nach Macht oder Posten. Und doch verletzte es ihn ein wenig, dass er immer wieder vom Abt übergangen wurde, wenn es ein verantwortungsvolles Amt zu vergeben gab. Lange schwieg er, obwohl es ihn immer mehr plagte. Doch auch wenn er sehr viel wusste und sich dessen bewusst war, dass er klüger war als die meisten, hatte ihn das nicht hochmütig gemacht. Also ergab er sich schweigend den ihm unverständlichen Entscheidungen des Abtes.

Eines Abends rief ihn der alte Abt zu sich. »Vielleicht werde ich nun eine besondere Aufgabe bekommen«, dachte der kluge junge Mönch.

Doch der Abt sah ihn voll Mitgefühl an und sprach: »Mein Lieber, ich bin mir nicht sicher, ob du wirklich gut bei uns aufgehoben bist.«

Der junge Mann war wie gelähmt. Das hatte er als Allerletztes erwartet. Schließlich stotterte er: »Aber ich versuchte doch stets, im Rahmen meiner bescheidenen Fähigkeiten, so gut ich nur kann, für das Kloster …«

Der Abt schüttelte den Kopf.

»Ehrwürdiger, ich werde versuchen, mich noch ernsthafter …«

Der Abt hob die Hand und lächelte ein wenig traurig. »Deine Fähigkeiten, mein Lieber, sind unübertroffen und unzweifelhaft.«

Nun wusste der junge Mann gar nicht mehr, was er denken sollte.

Der Abt sah ihm tief in die Augen. »Alles, was du tust, tust du aus Pflichtgefühl, Ehrgeiz und mit größter Mühe. Wie aber willst du den Weltgeist verehren, wenn du es ohne Freude und nicht mit deinem Herzen tust?«

Die Freude als Lehrer

Wenn du das, was du tust, ohne Freude und Begeisterung tust, verschwendest du dann nicht deine wertvolle Lebenszeit? Welchen Sinn hat es, Tag für Tag eine Arbeit zu verrichten, die dir keine Freude macht? Oder in giftigen Beziehungen stecken zu bleiben, die dir nur die Laune verderben?

Viele Menschen hassen ihre Arbeit, verändern aber trotzdem nichts an ihrer Lage, da sie sich lieber von ihrer Angst leiten lassen. Es gibt eine Menge Beziehungen, in denen nur noch Gewohnheit die Partner zusammenhält. Selbst dann, wenn von Liebe längst keine Spur mehr da ist, fällt es den meisten doch unendlich schwer, sich daraus zu befreien.

Kommt dir das bekannt vor? Wenn ja, dann hast du bestimmt gute Gründe, auch nahezu Unerträgliches zu ertragen. Vielleicht brauchst du das Geld, um deine Familie zu ernähren. Vielleicht hast du keine Ahnung, was du sonst tun solltest. Und so arbeitest du weiter, auch wenn deine Kollegen dir deine Energie rauben, der Job schlecht bezahlt ist und jeder Tag sich wie ein Marathonlauf mit Bleischuhen anfühlt. Oder du versuchst krampfhaft, deine zerbrochene Ehe aufrechtzuerhalten, da du deinen Kindern die Scheidung nicht zumuten willst.

Wo soll da bitte noch Platz für Freude sein?

Es ist natürlich nicht jedermanns Sache, ohne Geld, ohne soziale Anbindung und Sicherheit zu leben und das Leben eines Diogenes zu führen (des anspruchslosen griechischen Philosophen, der in einer Tonne wohnte und Alexander dem Großen auf dessen Angebot, ihm jeden erdenklichen Wunsch zu erfüllen, nur antwortete, er solle ihm aus der Sonne gehen). Aber niemand muss wie Diogenes leben! Du musst deine Arbeit nicht hinwerfen, musst deine Familie nicht verlassen und auch nicht in eine Regentonne umziehen. Wichtig ist aber, dass du dir das Gefühl der Freude unter allen Umständen bewahrst – auch unter widrigen. Dieses Gefühl ist nämlich ein deutlicher Wegweiser auf dem Weg durch die gebirgige Landschaft deines Lebens. Die wichtigste Einsicht, die es dir ermöglicht, die Kraft der Freude in dir (wieder) zu entdecken, ist, dass du erst einmal gar nichts *musst* – dass du tatsächlich viel freier bist, als du vielleicht denkst.

Jedes »Ich muss …« ist mit einem »wenn …« verbunden. »Ich muss meine Arbeit machen … wenn ich den Job behalten und Geld verdienen will.« Mache dir klar, dass du praktisch alles, von dem du glaubst, dass du es tun *musst*, letztlich tun *willst*. All deinen Handlungen liegt eine Entscheidung zugrunde, nur dass dir das wahrscheinlich selten bewusst ist. Du kündigst deinen Job nicht, *weil* du dich gegen die Konsequenz entschieden hast – *weil* du nicht von Sozialhilfe leben oder keinen Neuanfang in einem anderen Beruf wagen willst. Du bleibst bei deinem Partner, *weil* du nicht Single sein willst oder zu wenig Vertrauen hast, einen neuen Partner zu finden. Du *musst* dein Geschirr nicht abspülen, du *willst* es, *weil* du nicht von dreckigen Tellern essen willst.

Du bist nicht gefangen. Für die vermeintlichen Zwänge, in denen du in deinem Alltag steckst, hast du dich irgendwann selbst – aus bestimmten Gründen – entschieden. Zu erkennen, dass du letzten Endes immer tust, was du *willst*, dass du diese Entscheidungen frei fällen *kannst*, bringt zwar nicht immer *sofort* mehr Freude in dein Leben, ist aber schon mal ein sehr guter erster Schritt in Richtung mehr Freiheit und Leichtigkeit.

Auf der Suche nach der verlorenen Freude solltest du deshalb auf diesem Weg einen weiteren Schritt machen. Stelle dir dazu eine einfache Frage: »Gibt es bei all dem, was ich tue und bei all den Menschen, die ich treffe, irgendwelche erfreulichen Aspekte oder Augenblicke? Gibt es irgendwo zumindest einen kleinen Funken Freude in meinem Alltag?«

Dieser Funke kann sich in ganz unscheinbaren Kleinigkeiten verstecken. Möglicherweise musst du erst ein wenig nachdenken, vor allem dann, wenn du im Moment alles gründlich satt hast. Womöglich steigt auch gleich ein Widerstand in dir auf: »Nein, meine Situation ist nun einmal unerträglich. Da gibt es keine Freude. Warum soll ich mir das schönreden?«

Warum du dir das schönreden sollst? Ganz einfach – weil du dadurch deine Glaubenssätze änderst und aufhörst, dir die Dinge *schlechtzureden*. Der Glaube kann Berge versetzen. Und behindernde Glaubenssätze können das leider auch. Sie setzen dir die Berge allerdings genau vor die Nase und versperren dir die Sicht auf das offene, weite Meer.

Wenn es dir gelingt, zumindest irgendetwas Freudvolles in deinem täglichen Leben zu entdecken, dann fühlst du dich dadurch besser, als wenn dir alles zuwider ist. Denn es ist ganz einfach: Immer, wenn du den weißen Wolf fütterst, wirst du dich dabei besser fühlen, als wenn du den schwarzen Wolf nährst.

»Ich habe Verpflichtungen, wie soll ich das denn machen?«, Das Leben ist kein Wunschkonzert ..., »Ich muss aber ...«, »Ich kann doch nicht …« – alle diese Glaubenssätze sind es, mit denen du deinen schwarzen Wolf Tag für Tag fütterst. Und selbst, wenn es manchmal stimmen mag und du tatsächlich Verpflichtungen hast, deine Wünsche nicht in Erfüllung gehen oder du (wie übrigens alle Menschen) bestimmte Dinge nicht kannst oder schaffst: Indem du dir das Leben schlechtredest, statt es dir schönzureden, verstärkst du nur Gefühle der Hilflosigkeit, des Ärgers und der Angst.

Du kannst deine Lage nicht ändern, wenn du nicht dein Denken änderst. Wenn du nicht aufhörst, deine unangenehmen Gefühle zu verstärken und nicht versuchst, eine andere Brille aufzusetzen, die deinen Blickwinkel verändert.

Wege zu mehr innerer Freude

Die folgenden Punkte zeigen dir einige Möglichkeiten, deine Brillengläser einmal auszutauschen und nach der Freude in deinem Herzen Ausschau zu halten …

1. *Erinnere dich an die schönen Augenblicke in deinem Leben*
   Gerade in schwierigen Lebensphasen ist es wichtig, sich seiner Ressourcen bewusst zu werden. Jeder von uns hat irgendwann einmal schöne Zeiten erlebt, und seien es auch nur wenige. Suche nach positiven Erfahrungen in deiner Vergangenheit. Gehe auf die Reise, tauch in deine Erinnerung ein: In welchen Augenblicken hast du wirklich Freude empfunden? Weißt du noch, mit wem du diese Momente erlebt hast oder wo du warst? Und wie sich Freude angefühlt hat? Mach die Augen zu und rufe dir schöne Bilder in Erinnerung und mache sie vor deinem inneren Auge ganz groß, bunt und hell.

Was du einmal erlebt hast, kannst du auch wieder erleben – zwar nicht die Situation oder die Begegnung an sich, wohl aber das Gefühl. Durch deine mentalen Fähigkeiten – dein Erinnerungsvermögen und deine Vorstellungskraft – kannst du sehr positive Gefühle erzeugen. Und wenn du die Freude erst in deiner Fantasie erwecken kannst, wird sich das auch ganz konkret auf dein Leben im Hier und Jetzt auswirken.

2. *Mache dir bewusst, dass du frei bist*
Darüber haben wir oben ja schon ausgiebig gesprochen. Befreie dich von dem Gefühl, zu »müssen«. Um deine inneren Fesseln zu sprengen, solltest du auf die Macht der Worte vertrauen. Ersetze »Ich *muss* ins Büro« oder »Ich *muss* noch einkaufen gehen« durch »Ich *will* ins Büro« oder »Ich *will* einkaufen gehen«. Diese kleine Veränderung hat große Auswirkungen. Und sie entspricht sogar der Realität. Wenn du das nicht glaubst, dann hänge deinem Satz noch einen Nebensatz an, der mit »weil« beginnt, zum Beispiel: »Ich *will* einkaufen gehen, *weil* ich Hunger habe / *weil* ich heute Abend etwas Gutes kochen will / *weil* ich mir die Zähne lieber mit als ohne Zahnpaste putze ...«

3. *Nimm's leichter*
Ein wichtiger Grund dafür, warum es uns im Leben oft an Freude mangelt, besteht darin, dass wir die Dinge zu ernst nehmen. Ernst bringt Schwere, Freude ist mit Leichtigkeit verbunden. Wer in seinem Dasein vor allem Hindernisse und Anstrengungen sieht, wer »es sich schwer macht«, dem fehlen das Spielerische und die Leichtigkeit, die die Voraussetzungen für Freude sind. »Take it easy« würde man manch einem gerne zurufen, der mit verkniffenem Gesicht und hängenden Schultern durchs Leben geht. »Aber ist es nicht sehr schwer, so eine neue Einstellung auch umzusetzen?«, werden wir immer wieder gefragt. Und da haben wir es wieder: »Ist es nicht sehr

schwer …?« Nein: Es ist total leicht! Wenn du glaubst, dass es leicht ist, ist es auch leicht. Es ist wirklich nur eine Frage der Perspektive. Und deine Perspektive ist die Folge deiner Gedanken.

Wenn du leichte Gedanken pflegst, wird alles viel leichter. Wenn du hingegen schwere Gedanken wälzt, wird alles viel belastender. Du bringst mehr Leichtigkeit in dein Leben, indem du »leichter denkst« – am besten in Form »erleichternder« Selbstgespräche. Egal, was du als Nächstes tun wirst oder welche Aufgabe auch immer auf dich wartet. Sage dir:

- »Es ist leicht.«
- »Das schaffe ich locker.«
- »Halb so wild.«
- »Da ich schon die Wahl habe, nehme ich es lieber leicht.«

Ein wirkungsvoller Weg zu einem schöneren Leben besteht darin, sich die Dinge schönzureden. Dein Denken bestimmt über dein Sein. Es ist ganz leicht …

4. *Genieße dein Leben*

Lenke deine Achtsamkeit täglich immer wieder einmal auf Dinge, die du genießen kannst. Einen Eisbecher, ein paar Sonnenstrahlen, ein schöne Begegnung, ein Musikstück, eine warme Dusche, eine kleine Pause … Suche nicht nach großartigen Dingen. Freude verbirgt sich in den alltäglichen Kleinigkeiten. Und auch das ist ein einfacher Weg, mehr Freude zu erleben: Erwarte nicht zu viel. Nimm dir nicht vor, dein ganzes Leben auf den Kopf zu stellen. Es genügt vollkommen, öfter mal innezuhalten, sich umzuschauen, zu lauschen, sich zu spüren und zu lächeln.

5. *Führe ein Freude-Tagebuch*

Na gut, im Sinne von »Take it easy« muss es nicht gleich ein Tagebuch sein. Ein paar Notizen am Abend reichen auch: Schreibe dir einfach zwei oder drei Dinge auf, über die du dich heute gefreut hast. Und notiere zwei oder drei Dinge, auf die du dich freuen kannst, wenn du an die nächsten Tage denkst. Und wenn dir nicht gleich etwas einfällt, überlege einfach noch ein bisschen länger …

Das Duell

(aus Japan)

In einem kleinen Dorf in der Nähe von Kochi lebte ein Meister der Schwertkunst. Nun war er alt, doch die Rede ging, dass er immer noch jeden Herausforderer besiegen könne. Sein Ruf war legendär und viele Schüler hatten sich bei ihm eingefunden.

Eines Tages kam ein junger Schwertkämpfer ins Dorf. Auch wenn er noch sehr jung war, so war er doch schon berüchtigt: Seine Stärke übertreffe die eines Ochsen und seine Schwertkunst sei makellos – doch damit nicht genug: Er nutze jede noch so kleine Schwäche seines Gegners und kenne keine Gnade.

Dieser junge Schwertkämpfer hatte schon häufig von dem angeblich unbesiegbaren Meister gehört und war fest entschlossen, der Erste zu sein, der den großen Meister besiegte. Großspurig kündigte er den Schülern an, dass er am nächsten Tag ihren Meister zum Duell fordern würde und sie besser schon ihre Sachen packten und sich auf die Suche nach einem neuen Lehrer machten.

Die Schüler liefen besorgt zum Meister und berichteten ihm davon. Sie sprachen auch vom Ruf des jungen Schwertkämpfers und baten den Meister, er möge sich dieser Gefahr nicht aussetzen. Schließlich sei er, obwohl der größte Meister der Schwertkunst, doch alt und der andere jung. Doch dieser lächelte nur und nahm die Herausforderung zum Kampf an.

Als sich die beiden Schwertkämpfer gegenüberstanden, begann der junge, kaum dass sie sich gegrüßt hatten, den alten zu beleidigen und zu beschimpfen:

»Du bist also der angebliche Meister! Lächerlich. Du kannst ja nicht einmal das Schwert richtig halten.« Er spuckte vor dem Meister aus. »Ich bin mir sicher, du hast nur Leute bezahlt, die Großartiges über dich reden, damit du die dummen Schüler ausnehmen kannst. Du traurige Gestalt, du alter Bock, du wagst es gewiss nicht, mit mir zu fechten ...« Und so ging es noch eine ganze Weile weiter. Der alte Meister stand indes ruhig da.

Schließlich hielt der junge Schwertkämpfer in seiner Rede inne, steckte sein Schwert in den Gürtel, verbeugte sich und ging von dannen.

Die Schüler staunten und waren enttäuscht darüber, dass ihr Meister den überheblichen Herausforderer nicht zurechtgewiesen hatte: »Warum hat der junge Schwertmeister aufgegeben? Wie konntet Ihr diese Schmähworte über Euch ergehen lassen? Warum habt Ihr den unverschämten Kerl nicht bestraft?«

Der alte Meister wartete, bis ein wenig Ruhe einkehrte.

Dann sprach er: »Jemand kommt, um dir ein Buch zu geben, doch du nimmst es nicht an. Wer trägt nun das Buch bei sich?«

Den bösen Wolf schlafen lassen

Manchmal schläft der schwarze Wolf in unserem Herzen tief und fest, und zwar umso tiefer und fester, je weniger er gefüttert wird. Dann ist es ganz einfach, Ruhe in sich selbst zu finden. Ein friedvoller, entspannter Gemütszustand scheint dann das Natürlichste von der Welt zu sein. Wehe jedoch, wenn jemand kommt und den bösen Wolf in uns weckt ...

Ich weiß nicht, wie es dir geht, aber ich finde es manchmal ausgesprochen schwierig, gelassen zu bleiben, wenn ich angegriffen werde oder mich jemand ärgert. Solange alle nett zueinander sind, ist alles bestens. Wenn dein Partner, ein Kollege oder dein Chef dir jedoch zu verstehen gibt, dass ihm oder ihr deine Nase, deine Arbeit oder deine Einstellung nicht passt, dann ist es mit der Unerschütterlichkeit schnell vorbei, und der Fels in der Brandung wackelt.

Ist es möglich, selbst dann gelassen zu bleiben, wenn uns jemand absichtlich auf die Nerven geht? Können wir unseren schwarzen Wolf sogar in Anbetracht von Anfeindungen weiterschlafen lassen?

Leicht ist das nicht. Angriffe von außen stellen uns auf eine harte Probe. Natürlich gibt es Menschen, die sich durch nichts aus der Ruhe bringen lassen, da sie von Natur aus gutmütig und friedfertig sind und immer schon den weißen Wolf gefüttert haben. Das heißt aber nicht, dass ihnen Provokationen gar nichts anhaben können, sondern meist nur, dass ihr schwarzer Wolf einen kräftigen Happen braucht, um richtig wach zu werden. Deshalb »explodieren« sie nicht so leicht. Prinzipiell kann aber natürlich jeder von uns die Fähigkeit entwickeln, tief in sich zu ruhen – und zwar auch dann, wenn anderen längst der Hut hochgegangen wäre. Allerdings klappt das nicht ohne Übung. Nur Übung macht den Meister – nicht nur den Schwertmeister, sondern auch den Meister der Unerschütterlichkeit.

Es gibt eine traditionelle Meditationsform, durch die du nahezu »unverletzbar« werden kannst. Wunder darfst du allerdings nicht erwarten, denn von heute auf morgen klappt es mit der unangreifbaren Gemütsruhe nicht. Andererseits sind die Veränderungen doch beachtlich, sofern du dir regelmäßig, am besten täglich, ein paar Minuten Zeit nimmst, um deinen Geist zur Ruhe zu bringen. Ganz allmählich wirst du so zum Fels in der Brandung, der auch dann unverrückbar steht, wenn die Wogen allzu kräftig anbranden.

Die Samatha-Meditation

Die Samatha-Meditation stammt aus dem Buddhismus und wird auch »Ruhe-Meditation« genannt. »Samatha« bedeutet so viel wie ruhiges Verweilen. Der Schwerpunkt liegt dabei auf Konzentration und Sammlung, die im Laufe der Zeit zu mehr Heiterkeit und Gelassenheit führen.

Die Technik ist an sich einfach: Du sitzt aufrecht und konzentrierst dich ganz auf deinen Atem. Du zentrierst deinen Geist ausschließlich auf diese eine Sache: die Wahrnehmung des Atemstroms. So stärkst du dein Konzentrationsvermögen, doch die eigentliche Übung geht noch weit darüber hinaus. Während du nämlich versuchst, in Stille zu sitzen, wirst du schnell »Störenfriede« bemerken: Gedanken, Gefühle und verschiedene Körperempfindungen werden dich immer wieder ablenken. Und genau diese Quälgeister sind die »Trainingsreize«, die du brauchst, um wirklich tiefe Ruhe zu entwickeln. Wenn du erst einmal mit deinen inneren Unruhestiftern klarkommst, werden dich andere Menschen auch nicht mehr so leicht provozieren können.

Die Samatha-Meditation kann dich viel über den rechten Umgang mit inneren Nervensägen wie Ängsten, Sorgen, Erinnerungen, Zukunftsfantasien, Selbstgesprächen, Verurteilungen, Selbstzweifeln usw. lehren. Was du dafür vor allem brauchst, ist Geduld, denn im Prinzip funktioniert das Ganze sehr einfach:

1. Du richtest deine Aufmerksamkeit auf dein Meditationsobjekt – in diesem Fall auf den Atemstrom.
2. Du bemerkst, dass irgendwann Ablenkungen, beispielsweise in Form von Gedanken auftauchen. Du nimmst das einfach nur achtsam wahr.
3. Und dann richtest du deine Achtsamkeit wieder sanft auf den Atemstrom.

Die ganze Meditation besteht im Grunde nur darin, diesen Zyklus immer und immer zu wiederholen – geduldig, gelassen und ohne Erwartungen oder Wertungen.

Hier nun die ausführliche Anleitung:

- Suche dir einen ungestörten Ort, nimm dir mindestens zehn Minuten Zeit und setze dich aufrecht, aber bequem hin. Mach die Augen zu und versuche kurz, ein wenig zur Ruhe zu kommen.
- Atme jetzt dreimal tief durch. Beim Ausatmen kannst du deinen Körper vielleicht noch ein bisschen mehr entspannen. Finde dann zu deinem eigenen Atemrhythmus. Die Meditation ist keine Atemübung! Lasse den Atem einfach kommen und gehen, es gibt kein Richtig oder Falsch. Achte lediglich darauf, möglichst durch die Nase zu atmen.
- Richte deine Konzentration jetzt auf den Atemstrom in oder an deinen Nasenflügeln. Beobachte genau, an welcher Stelle du den Atem am besten spürst – das sanfte Strömen des Atems und vielleicht auch die kühlere Luft beim Einatmen und die wärmere beim Ausatmen.
- Du kannst die Konzentration leichter aufrechterhalten, wenn du auf den Anfang, die Mitte und das Ende jedes Atemzuges achtest. Beim Einatmen denkst du dabei innerlich »ein – ein – ein«, beim Ausatmen »aus – aus – aus«.
- Irgendwann – und wahrscheinlich schon sehr bald – wirst du bemerken, dass deine Aufmerksamkeit nicht mehr beim Atem ist. Vielleicht gehen deine Gedanke auf Wanderschaft oder du hängst einem Gefühl nach. Vielleicht hörst du auch Geräusche oder spürst Schmerzen im Rücken. Was es auch sei, nimm es einfach wahr, ohne dich davon mitreißen oder aus der Ruhe bringen zu lassen. Und dann: Kehre mit deiner Konzentration wieder zum Atem zurück: »ein – ein – ein, aus – aus – aus«.
- Bewahre die Ruhe. Erkenne die Ablenkungen und reagiere so wenig

auf sie, wie der Meister der Schwertkunst auf den jungen Schwertkämpfer.
- Um die Übung zu beenden, lenkst du die Achtsamkeit kurz auf deinen Körper. Spüre die Schwere deines Körpers und atme dann noch dreimal tief ein und aus, bevor du die Augen wieder öffnest.

Lass dich nicht frustrieren und denk daran: Nicht das Beherrschen der Konzentration ist Meditation, sondern das Üben!

Die Meisterschaft

(aus Thailand)

Meister Phong hatte einen fortgeschrittenen Schüler, der bereits die Erleuchtung erfahren und das höchste Bewusstsein kennengelernt hatte. Und doch wusste er, dass sein Meister in der Erkenntnis weit über ihm stand. Aber was dessen Geheimnis war, wusste er nicht. Als er darüber mit dem Meister sprach, sagte dieser: »Nur Beharrlichkeit.«

Der Schüler konnte das nicht glauben. Da sprach der Meister: »Ich werde dir das Geheimnis verraten, wenn du dich würdig erweist. Doch sieh dich vor: Die Prüfung ist gefahrvoll!«

Ohne zu zögern willigte der Schüler ein. Der Meister zog sein Schwert und reichte dem Schüler eine Holzschale. »Nun denn: Nimm diese Schale, fülle sie bis zum Rand mit Wasser und trage sie dreimal um den Tempel. Doch für jeden Tropfen, den du verschüttest, werde ich dir ein Glied abschlagen.«

Der Schüler wurde bleich, doch tat er, wie ihm geheißen war. Schritt für Schritt ging er mit der Wasserschale um den Tempel, einmal, zweimal, dreimal – und verschüttete nicht einen einzigen Tropfen.

Freudestrahlend und stolz stand er vor dem Meister, bereit, das Geheimnis zu empfangen.

Der Meister lächelte: »Ich mache es genauso, wie du die Wasserschale getragen hast. Nur, dass ich beharrlich dabei bleibe und es mit allen Dingen so halte.«

Vollkommen bei dieser einen Sache bleiben

Ein fokussierter Geist ist eine Freikarte in ein Leben voller Klarheit und Leichtigkeit. Konzentriert zu sein und es über weite Strecken auch zu bleiben, das klingt vielleicht nach Anstrengung, ist in Wirklichkeit jedoch genau das Gegenteil: Wenn du auf eine entspannte, offene Weise konzentriert und gesammelt bleibst, wirst du auf der Stelle eine Menge Stress los. Stress entsteht bekanntlich im Kopf, allerdings eben gerade nicht im Kopf eines konzentrierten Menschen. Im Augenblick der Konzentration beschäftigen wir uns nämlich weder mit den Versäumnissen der Vergangenheit noch mit sorgenvollen Gedanken an eine ungewisse Zukunft.

Das Konzentrationsvermögen ist an sich eine ganz normale Fähigkeit unseres Geistes. Ohne Konzentration könnten wir keine Zwiebel schneiden, ohne uns auch gleich noch ein paar Finger abzuhacken. Wir könnten keine Treppe hinuntersteigen, ohne uns den Hals zu brechen, geschweige denn ein Auto unbeschadet durch den Verkehr lenken. Manche Menschen können sich sehr gut konzentrieren, andere haben damit Probleme, doch grundsätzlich lässt sich das Konzentrationsvermögen recht leicht trainieren, was wir ausnützen können. Falls du beispielsweise Überdurchschnittliches erreichen willst, ganz gleich ob im Sport, der Kunst, der Wissenschaft oder bei irgendeiner Arbeit, dann solltest du dich dabei lieber nicht auf deine Begabung verlassen, denn Begabung wird regelmäßig überschätzt. Geduld und Konzentration sind viel wichtiger, um Ziele effektiv zu erreichen.

Es wäre allerdings schade, Konzentration allein als Mittel zum Zweck zu sehen, denn ein fokussierter Geist trägt seine Belohnung bereits in sich. Wer es schafft, bei nur einer Sache zu bleiben, wird automatisch Kräfte sparen. Im Gegensatz dazu kann es furchtbar energieraubend sein, unkonzentriert zu sein. Bestimmt hast du auch schon die Erfahrung gemacht, wie nervig es ist, wenn wir ständig von einer Aufgabe abgelenkt werden. Die Frage, die sich jedoch stellt, ist: Gibt es so etwas wie »Ablenkung« überhaupt?

In der Achtsamkeitsmeditation werden Gedanken und Gefühle, die unvermittelt auftauchen, nicht als »Ablenkung« oder »Störung« beurteilt. Es sind ja einfach nur Bewegungen in unserem Bewusstsein – Ausdruck der unablässigen Aktivität unseres Geistes. Egal ob Sorgen, Erinnerungen, Selbstgespräche oder Fantasien: Gedanken sind nur Gedanken. Wir können sie einfach wahrnehmen, Hallo zu ihnen sagen und dann wieder zur Beobachtung unseres Atems zurückkehren.

Im Alltag kannst du das ganz genauso machen. Bleibe konzentriert bei einer Sache – und zwar immer nur bei *einer* Sache. Wenn plötzlich das Telefon klingelt oder dich jemand anspricht, dann wird deine Aufmerksamkeit im Moment eben woanders gebraucht. Macht nichts. Wenn du telefonierst, dann telefonierst du eben. Und wenn du dich mit jemandem unterhältst, kannst du deine ganze Konzentration auf dieses Gespräch richten. Und danach kannst du wieder zu deiner ursprünglichen Aufgabe zurückkehren – ganz entspannt und ohne das Gefühl, »gestört« worden zu sein.

Wenn du liest, dann lies – sonst nichts. Wenn du den Rasen mähst, dann richte deine Achtsamkeit ganz auf das Rasenmähen. Wenn du duschst, dann dusche nicht nur mit Haut und Haar, sondern auch mit Herz und Seele. Und wenn du eine E-Mail schreibst, dann widme dich vollkommen dieser Mail – es gibt in diesem Moment nur dies eine zu tun. Du kannst nicht zwei Schritte auf einmal gehen, und wenn dir das bewusst ist, gibt es auch keinen Grund mehr, gehetzt oder angespannt zu sein.

Natürlich kann niemand rund um die Uhr gesammelt bleiben. Doch andererseits kannst du jeden Tag, ja jeden Augenblick nutzen, um deine Konzentration zu üben. Und je leichter dir das fällt, desto weniger werden deine Gedanken abschweifen und desto weniger Energie wirst du damit verschwenden, Probleme zu wälzen, Dinge und Menschen zu bewerten und zu verurteilen oder den schwarzen Wolf in dir auf andere Weise zu füttern.

Konzentration führt zu Ruhe und Heiterkeit. Wenn deine Gedanken aufhören, ständig herumzuwandern, kannst du bei jedem Schritt, den du tust, entspannt und doch wach bleiben. So wird es dir ohne Weiteres gelingen, die mit Wasser gefüllte Holzschale dreimal um den Tempel zu tragen, ohne dass du einen Tropfen verschüttest. Und dann musst du auch keine Angst davor haben, dass dir ein verrückt gewordener Meditationsmeister für jeden verschütteten Tropfen einen Finger oder eine Zehe abschlagen wird.

Die Glückseligkeit des Einsiedlers

(aus Frankreich)

Drei Soldaten hatten sich im großen Wald verirrt und fanden den Weg hinaus nicht mehr. Da entdeckten sie eine kleine Laubhütte, in der ein Einsiedler auf dem Boden kauerte. Sie sahen den Einsiedler und waren tief berührt, denn das Gesicht des Alten strahlte vor Glückseligkeit.

Die Soldaten grüßten den Alten und einer sprach: »Heiliger Mann, wir haben uns im Wald verlaufen. Kannst du uns den Weg weisen?«

Der Zweite sprach: »Heiliger Mann, wir haben Hunger, hast du etwas Brot für uns?«

Der Dritte aber sprach: »Heiliger Mann, wir sind mutlos und unglücklich. Kannst du uns sagen, wie es dir gelingt, so glücklich zu sein?«

Der Alte wandte sich den Männern zu und sprach: »Ich bin immer glücklich!«

Die Soldaten staunten. »In dieser einsamen Hütte mitten im Wald, abgeschieden von allen Menschen sitzt du und bist dabei glücklich? Was ist dein Geheimnis?«

»Das Geheimnis meines Glücks ist hier«, antwortete der Einsiedler und wies den Soldaten ein kleines Fensterchen in der Wand der Hütte. »Schaut nur!«

Die Soldaten blickten durch das Loch und sahen einander verwirrt an.

»Willst du uns zum Narren halten?«, riefen sie. »Da ist nichts, außer trockenem Geäst.«

»Seht genau hin!«

»Ja, nur ein paar Baumstämme und Zweige. Und dahinter ein kleines Stückchen Himmel!«

Der Einsiedler nickte. »Ja, das ist das Geheimnis meines Glücks: Ein kleines Stückchen Himmel!«

Vom Zauber des Unscheinbaren

Mein Sohn liebt das Guinness-Buch der Rekorde. Auf YouTube schaut er sich die stärksten Männer der Welt, die wildesten Stunts und die verwegensten Akrobaten an. Und natürlich schwärmt er für Superman und Batman und Raketenautos und lauter solche Sachen. Ich tue, was ich kann, um ihn auf den Wert der kleinen, unscheinbaren Dinge aufmerksam zu machen, aber was soll ich machen – in seinem Alter übt das Außergewöhnliche eben eine außergewöhnliche Anziehung auf ihn aus.

Nach allem, was ich so beobachte, ist das für einen Jungen ganz normal. Allerdings beobachte ich auch, dass es im Grunde für jeden von uns ganz normal ist, dem Außergewöhnlichen und Herausragenden besonders viel Beachtung zu schenken. Während wir von den höchsten Bergen, den berühmtesten Schauspielern, den schrecklichsten Naturkatastrophen oder den sensationellsten Schlagzeilen schwer beeindruckt sind, übersehen wir regelmäßig die kleinen Dinge – das Gras unter unseren Füßen, die Bäume im Park, das Herzchenmuster im Milchschaum unseres Cappuccino oder das Strahlen in den Augen eines Kindes.

Ein Spruch auf einer Geburtstagskarte an einem Stand in der Münchner Innenstadt ist mir dazu einmal besonders aufgefallen. Unter dem Motiv einer Pusteblume im Wind stand: »Genieße die kleinen Dinge im Leben. Irgendwann wirst du zurückschauen und feststellen, dass sie großartig waren.« Ich habe die Karte zwar nicht gekauft, bin anschließend aber doch mit ganz anderen Augen durch den Tag gelaufen. Es ist erstaunlich, was für Welten sich auftun, wenn man beginnt, den kleinen, unscheinbaren Dingen mehr Beachtung zu schenken. Falls du das einmal ausprobieren willst, ist die folgende Übung vielleicht genau das Richtige für dich.

Achtsamkeitsexperiment: »Ein kleines Stückchen Himmel«

Sir Arthur Conan Doyle, britischer Schriftsteller und der Erfinder von Sherlock Holmes, schrieb vor rund hundert Jahren, dass es einer seiner Grundsätze sei, die kleinen Dinge am wichtigsten zu nehmen. Wenn du deinen Blick für die kleinen Dinge schärfen willst, heißt das jetzt aber nicht, dass du wörtlich nach besonders »kleinen Dingen« wie Ameisen, Stiefmütterchen oder Kieselsteinchen Ausschau halten musst, obwohl du deine Achtsamkeit auch entwickeln kannst, indem du deinen Blick auf »Zoom« einstellst. Im Grunde geht es darum, deinen Blick zu weiten und aufmerksamer auf die Dinge zu schauen, die im Alltagstrubel leicht aus dem Blickfeld geraten. Es gibt unendlich viele Möglichkeiten, eine neue, offenere Perspektive zu gewinnen – hier sind zwei einfache:

1. *Werde dir des Himmels über dir bewusst.* Schaue tagsüber öfter einmal nach oben. Meist sehen wir nur einen relativ beschränkten Ausschnitt der Welt, nämlich das, was unmittelbar vor unserer Nase ist (obwohl wir selbst das oftmals kaum mitbekommen). Versuche nun, deine Achtsamkeit auszudehnen, indem du nach oben schaust. »Ein kleines Stückchen Himmel« kannst du auch durch ein Fenster se-

hen, wie die Geschichte zeigt. Aber natürlich klappt das im Freien noch besser: Schaue dir die Wolken an – ihre unterschiedlichen Formen und Farben. Scheint die Sonne? Wie ist das Wetter? Während du deinen Blick öffnest, wirst du bemerken, wie dein Denken allein dadurch zur Ruhe kommt.

Entweder du nimmst dir mehrere Minuten Zeit, um tief in das, was du siehst, einzutauchen. Oder du nutzt viele kleine Gelegenheiten, um während des Tages immer wieder einmal kurz in den Himmel zu schauen.

2. *Achte auf die Bäume um dich herum.* Oft sind Bäume für uns nichts anderes als eine selbstverständliche Kulisse, doch im Grunde sind sie sehr viel mehr. Selbst wenn du in der Großstadt wohnst, wirst du bemerken, dass viele und verschiedenartigste Bäume in den Parks und auf den Grünstreifen wachsen. Wenn du im Zug oder Auto fährst oder gar etwas Zeit auf dem Land verbringst, kann dir noch viel stärker bewusst werden, dass wir von Bäumen umgeben sind. Richte deine Achtsamkeit einmal gezielt auf die Einzelheiten eines Baumes – auf den Umriss, die Größe, die Rinde, die Äste und Zweige. Beachte auch die verschiedenen Farbschattierungen der Blätter. Oder lasse die Schönheit eines Baumes einfach auf dich wirken. Mach dir bewusst, dass ein alter Baum viel älter ist, als es je ein Mensch war, dass er vielleicht schon groß war, als deine Großeltern Kinder waren. Oder, wenn es ein junger Baum ist, dass ihn vielleicht deine Urenkel noch bewundern können ...

All die kleinen, unscheinbaren Dinge, die uns tagtäglich umgeben, können zu einer Quelle für unser Glück werden. Da diese Dinge jedoch gerade nicht ins Auge stechen, müssen wir unseren Blick schärfen. Und am besten gelingt das, indem wir etwas mehr Achtsamkeit und Dankbarkeit »in unseren Blick legen«.

Die drei schönen Schwestern

(aus Tibet)

In Tibet lebten einst drei Schwestern. Nach ihrem Lieblingsschmuck wurden sie das Goldmädchen, das Silbermädchen und das Eisenmädchen genannt. Die Schönheit der drei Schwestern war weithin bekannt, und es gab viele junge, stattliche und reiche Männer, die nur zu gern eine von diesen – oder alle drei – zur Frau nehmen wollten. Doch der Vater der drei war sehr ehrgeizig und wollte nur die allerbesten Männer für seine Töchter haben. Es sollte schon mindestens ein reicher, mächtiger Kaufmann mit vielen Dienern sein. Und so mussten die Freier, die vielleicht wohlhabend, aber nicht reich genug, vielleicht angesehen, aber nicht mächtig genug, zwar kräftig, aber nicht stark genug waren, unverrichteter Dinge wieder abziehen.

Ihre Schönheit und die Reden ihres Vaters hatten zwei von den Mädchen hochnäsig gemacht, und sie wollten keinen gewöhnlichen Menschen zum Gatten, sondern einen mächtigen und reichen, am besten einen König. Nur das Eisenmädchen wünschte sich einen Mann, der ein gütiges und gutes Herz hatte.

Eines Morgens war Goldmädchen an der Reihe, das Wasser vom Brunnen zu holen. Auf dem Weg zum Brunnen lag ein zotteliger, bärtiger Bettler in Lumpen im Staub. Als Goldmädchen sich ihm näherte, erhob er flehend die Hand. »Schönes Mädchen«, rief der Bettler. »Bitte hilf mir aufstehen, ich bin schwach vor Hunger!« Goldmädchen rümpfte nur die Nase und eilte weiter. »Warte!«, rief der Bettler. »Ich weiß einen König, der auf der Suche nach einer schönen Braut ist. Und gewiss bist du schön genug!«

Da hielt Goldmädchen inne und wandte sich dem Bettler zu. »Du willst einen König kennen?«

»Oh ja! Hilf mir nur auf und gib mir ein wenig zu essen.«

»Na gut! Ich helfe dir auf, aber dann führe mich zum König!«

So geschah es denn. Der Bettler stand zitternd auf seinen Beinen, holte eine Flöte aus seinem Mantel und spielte eine wundersame Weise. Und ehe Goldmädchen schimpfen konnte, kam ein stattlich gekleideter Mann des Wegs, mit goldenem Mantel und goldenen Schuhen. Als er Goldmädchen sah, sank er auf ein Knie nieder und bat sie, seine Frau zu werden. Hocherfreut stimmte Goldmädchen zu und führte ihren königlichen Freier zu sich nach Hause, sodass der Vater seine Einwilligung gäbe.

Nun gab es aber immer noch kein Wasser, und so war es an Silbermädchen, welches zu holen. Und wieder lag der Bettler auf dem Weg und bat um Hilfe und Nahrung. Doch Silbermädchen schüttelte den Kopf und machte einen Bogen um den Bettler.

»Warte!«, rief der Bettler. »Ich weiß einen König, der auf der Suche nach einer schönen Braut ist. Und gewiss bist du schön genug!«

Da hielt Silbermädchen inne. »Du kennst einen König, der mich heiraten möchte? Zeig ihn mir!«

»Oh ja! Hilf mir nur auf und gib mir ein wenig zu essen.«

»Na gut! Ich helfe dir auf, aber dann führe mich zum König!«

So geschah es. Der Bettler holte seine Flöte heraus und spielte eine wundersame Weise. Und ehe Silbermädchen seine Augen verdrehen konnte, kam ein Mann in einer silbernen Kutsche gefahren, mit silbernem Mantel und silbernen Schuhen. Als er Silbermädchen sah, stieg er aus der Kutsche und bat sie um ihre Hand. Jubelnd stimmte Silbermädchen zu und führte ihren königlichen Freier zu sich nach Hause, sodass der Vater seine Einwilligung gäbe.

Immer noch war kein Wasser da, und so ging nun Eisenmädchen aus, um welches zu holen. Auch sie fand den Bettler auf der Straße liegend. »Schönes Mädchen«, rief der Bettler. »Bitte hilf mir aufstehen, ich bin schwach vor Hunger!«

Eisenmädchen stellte ihren Krug ab und half dem Mann auf die Beine.

»Hast du auch ein wenig Brot für mich?«, fragte der Bettler.

»Nein, Brot habe ich leider nicht, aber diesen Apfel kannst du haben. Und wenn ich das Wasser geholt habe, kommst du mit zu mir nach Hause, und ich gebe dir eine anständige Mahlzeit.«

»Du bist ein gutes Mädchen! Ich weiß einen König, der auf der Suche nach einer schönen Braut ist. Und gewiss bist du schön genug!«

Eisenmädchen lachte hell auf. »Ach, mein Lieber, ich brauch doch keinen König. Ich will nur einen guten Mann mit einem gütigen Herzen.«

»Nun«, sprach der Bettler und lächelte, »vielleicht lässt sich auch das machen. Aber nun lass uns rasch das Wasser holen.«

So gingen sie denn zum Brunnen und holten das Wasser. Der Bettler bestand darauf, dass er den Krug trüge. Doch kaum war er ein paar Schritte gegangen, da fiel ihm der kostbare Krug aus der Hand und zerbrach. Da weinte das Eisenmädchen bitterlich. Der Bettler bat sie um Verzeihung für das Missgeschick; doch sie winkte ab: »Es ist nicht deine Schuld, es hätte mir auch passieren können. Ich fürchte mich nur, dass mein Vater ärgerlich sein wird.« Aber dann lächelte sie schon wieder. »Nun komm mit mir nach Hause – ich habe dir ja eine Mahlzeit versprochen!«

Der Bettler nickte. »Und ich dir einen König mit einem gütigen Herzen.« Das Eisenmädchen lachte und fasste den Bettler am Arm.

Als sie im Hause der drei schönen Schwestern ankamen, war alles in heller Aufregung, denn es waren schon zwei Töchter mit Königen als Freier nach Hause gekommen, die der Vater nur zu gern als Schwiegersöhne angenommen hatte.

Die beiden älteren Schwestern Goldmädchen und Silbermädchen lachten höhnisch, als sie ihre Schwester mit dem Bettler sahen. »Oh, du hast auch einen König mitgebracht – den König der Bettler!«

Der Vater wollte den Bettler gerade aus dem Haus weisen, als dieser sich gerade aufrichtete, sodass er alle anderen im Raum überragte: »Deine Töchter haben sich beide einen König zum Mann gewählt.« Er warf seine Lumpen ab und stand vor ihnen in einem reinen, weißen Gewand, das von einem Gürtel mit einer einfachen Eisenschnalle zusammengehalten wurde. »Beide Könige sind meine treuen Untertanen.« Er nahm Perücke und Zottelbart ab. Nun stand ein großer, junger Mann mit schimmerndem schwarzem Haar vor der Familie; die edle Herkunft stand in seinem Gesicht geschrieben. Der Vater und seine beiden älteren Töchter verbeugten sich tief vor ihm. Nur das Eisenmädchen blieb stehen und sah ihm in die Augen. »Und meine beiden königlichen Untertanen sind der König der Dungsammler« – er wies auf den König, der das Goldmädchen zur Frau genommen hatte – »und der König der Lumpensammler« – er wies auf den königlichen Gatten des Silbermädchens. Beide Könige verneigten sich vor ihrem Herrn. Und damit verschwand die Illusion: Der goldene Mantel und die goldenen Schuhe des Königs der Dungsammler waren aus vergilbten Blättern, die Silberschuhe und der Silbermantel des Königs der Lumpensammler waren aus abgewetztem Bettleinen. »Ich aber bin König Thuram, der über das ganze Reich gebietet. Und ich wähle mir das Eisenmädchen zur Frau – wenn sie mich denn für würdig befindet. Sie hat ein wahrhaft gutes Herz, und nur eine solche Frau will ich zu meiner Gefährtin machen.«

Die beiden älteren Schwestern blickten hasserfüllt auf ihre Schwester und auf die Ehemänner, die sie sich gewählt hatten. Aber es half nichts: Goldmädchen musste dem König der Dungsammler folgen und das Silbermädchen dem König der Lumpensammler. Eisenmädchen aber nahm König Thuram zum Ehemann. Sie lebten glücklich und lange und herrschten weise, mit gutem, gütigem Herzen.

Die Saat der Güte

Was du aussendest, das wird in irgendeiner Weise zu dir zurückkehren. Dein Geist formt dein Leben, und die Gedanken und Absichten, die du hegst, bleiben nicht ohne Wirkung. Allerdings beschert uns nur die regelmäßige und dauerhafte Ausrichtung auf das Positive auch langfristig Glück und Zufriedenheit.

Im Grunde sind das ja sehr einfache und leicht nachvollziehbare Dinge: Wenn du einen Apfelbaum willst, musst du eben Apfelkerne säen. Was du aussäst, wirst du ernten – ob Äpfel oder Kirschen, ob Glück oder Unglück. Diese Gesetze gelten für jeden Menschen überall auf der Welt. Füttere den schwarzen Wolf und die Folgen von Gier, Überheblichkeit, Habsucht und Missgunst werden dir leider nicht erspart bleiben. Nähre den weißen Wolf in dir, und die Auswirkungen von Güte, Mitgefühl, Verbundenheit und Gelassenheit werden in deinem Leben nicht zu übersehen sein. Gib einem Bettler Brot, und du wirst andere Erfahrungen machen, als wenn du deinen finanziellen Gewinn im Hinterkopf hast, während du deine Entscheidungen triffst. Wann eine Saat aufgeht, das weiß kein Mensch, aber dass es nur eine Frage der Zeit ist, das können wir dir versprechen.

Bleibt die Frage, wie man die Saat der Güte säen kann. Anstrengungen oder verbissenes Üben helfen dir hier nicht weiter – und man möchte hinzufügen: gottlob. Doch es gibt durchaus bestimmte »Hebel«, die du in Bewegung setzen kannst, um Gefühle wie Dankbarkeit, Offenheit oder Mitgefühl zu kultivieren.

Eine einfache, aber sehr effektive Möglichkeit besteht darin, deine Achtsamkeit zu »trainieren«, indem du sie gezielt lenkst. Die Achtsamkeit zu lenken, ist aber mehr als nur die Aufmerksamkeit zu steuern, da Achtsamkeit nicht nur eine mentale Fähigkeit ist, sondern alle Aspekte unseres Geistes anspricht. Achtsamkeit führt zu Präsenz. Sie hilft dir zu erkennen, wie du tickst. Beispielsweise kannst du dich öfter einmal fragen, was deine Motive sind. Warum tust oder sagst du bestimmte Dinge eigentlich? Was ist deine Absicht, wenn du beispielsweise jemanden anrufst? Geht es wirklich nur um Informationen, oder möchtest du die Verbundenheit mit deinem Gesprächspartner durch das Telefonat erhalten? Möchtest du etwas zum Ausdruck bringen, das dir wichtig ist, oder dem anderen vielleicht deine Hilfe anbieten? Oder willst du deine schlechte Laune an ihm auslassen, ihn kritisieren oder angreifen? Oder ist dir einfach gerade langweilig und du willst die Stimme eines Menschen hören? Es sind deine Motive, die den Unterschied machen.

Achtsamkeit gegenüber den eigenen Intentionen zu üben, hilft dabei, die Dinge klarer zu sehen. Doch erst wenn du es schaffst, zu sehen, was ist, ohne es zu beurteilen oder (dich) zu verurteilen, kommst du in den Genuss der weitreichenden Wirkungen eines Lebens in Achtsamkeit.

Indem du auf diese Weise achtsam bist, öffnest du dich für das Gute. Du machst dich zu einem Magneten – statt all die Dinge, die dich glücklich, erfolgreich oder friedvoll machen abzustoßen, ziehst du genau diese Dinge an.

Das Zehn-Cent-Experiment

Wer hat schon so viel Geld, dass er es auf die Straße werfen könnte? Ehrlich gesagt, glaube ich, fast jeder, wenn ich mir so ansehe, für welchen Quatsch Menschen ihr Geld, wenn nicht auf die Straße, so doch aus dem Fenster werfen.

Ich möchte dir ein interessantes Experiment vorschlagen, das dich zehn Cent kostet, dir aber möglicherweise unbezahlbare Einsichten verschafft. Dieses Experiment ist ganz einfach: Wirf zehn Cent auf den Gehweg. Achte darauf, dass dich keiner dabei beobachtet. Und dann geh ein paar Meter weiter und sieh, was passiert.

Es wird wohl nicht lange dauern, bis jemand die Münze findet und aufhebt. Sieh genau hin. Achte auf das Gesicht des Finders. Wahrscheinlich wirst du, obwohl es sich doch nur um eine lächerliche Zehn-Cent-Münze handelt, einen deutlichen Ausdruck der Freude sehen können.

Du hast also mit zehn Cent jemanden ein wenig glücklicher gemacht.

Und nun sieh auf deine Gefühle: Hast du nicht sogar zwei Menschen ein wenig glücklicher gemacht?

Und wenn zwei Menschen ein klein wenig glücklicher sind und deshalb ein wenig mehr lächeln und freundlicher sind, verbreitet sich die Freude wie die Wellen in einem See, in den du ein Kieselsteinchen wirfst. Mit zehn Cent hast du also die Welt ein klein wenig schöner gemacht!

Der unglückliche Steinmetz

(aus Russland)

In Diwnogorsk lebte vor vielen, vielen Jahren ein Steinmetz mit seinem Mütterchen. Er schnitt Steine, das war eine harte Arbeit, doch sie brachte nicht viel ein und er war arm.

Er haderte gerade einmal wieder mit seinem Schicksal, als er einen reichen Kaufmann sah. »Ach wäre ich doch so ein Kaufmann, dem die Rubel aus jeder Tasche quellen, der nur das Beste zu essen bekommt und ohne harte Arbeit recht rund wird!«, seufzte er – und mit einem Mal war er so ein Kaufmann. Ihm quollen die Rubel aus allen Taschen, nur das Beste wurde ihm vorgesetzt, er wohnte in einem großen Haus und besaß viele wertvolle Dinge.

Der so verwandelte Steinmetz freute sich unbändig und lebte recht fröhlich in Saus und Braus. Doch das währte nicht lange. Bald schon bemerkte er, wie ihn die Armen beneideten und scheel ansahen, wie die, die nur etwas weniger als er besaßen, ihn hassten; dass hingegen alle Betrüger und Diebe sein Haus gerne aufsuchten. Und dann kamen auch noch die Steuereintreiber des Zaren. Der Steinmetz seufzte. »Ach wäre ich doch der Zar, der über das ganze Reich gebietet, der Diener und Soldaten und Macht hat!« Und mit einem Mal war er tatsächlich der Zar.

Er spürte die Macht in seinem Herzen, er genoss es, die Verbeugungen hoher Fürsten und die Huldigung des Volkes entgegenzunehmen.

Doch das währte nicht lange. Bald schon sah er, wie die Macht ihn drückte, wie er mit Krieg und Verwandten zu kämpfen hatte; und als er so hadernd im Park spazieren ging und die Sonne heiß auf sein Haupt brannte, seufzte er: »Ach wäre ich doch die Sonne, die alles erleuchtet und von oben sieht!« Und wirklich wurde er die Sonne.

Er freute sich seines Sonneseins, doch da kam eine Wolke. Nun erleuchtete er nichts und sah auch nichts von oben.

Da wollte er Wolke sein und ward zur Wolke. Doch der Wind blies sie fort.

Da wollte er Wind sein und ward zum Wind. Doch der Wind wurde vom Felsen aufgehalten.

Da wollte er Felsen sein und ward zum Felsen. Ruhig und stark stand er als Fels. Doch da kam ein Mann mit seinem Meißel und sprengte den Stein.

Da wollte er Steinmetz sein.

Sei, der du bist

Können wir unseren Wünschen vertrauen? Als Kind habe ich mir gewünscht, Lokomotivführer zu sein. Heute hege ich diesen Wunsch längst nicht mehr. Ich fahre ohnehin nicht besonders gerne Zug, aber wenn, dann sitze ich doch lieber im Speisewagen an der Kaffeebar als vorne im Führerstand.

Kannst du dich noch an deine Kindheitswünsche erinnern? Oder wie sieht es mit den Wünschen aus, die du vor zwei oder drei Jahren hattest – sind die noch aktuell? Es ist sehr gut möglich, dass du heute von ganz anderen Dingen träumst, denn Träume ändern sich, und damit auch unsere Vorstellungen vom Traumpartner, Traumhaus oder Traumjob.

Dem Steinmetz aus der Geschichte ergeht es wie vielen von uns: Dauernd will er woanders sein als da, wo er ist. Doch woanders, anders oder mehr sein zu wollen als wir sind, führt zu Unzufriedenheit und zu Frust.

Ob du mit der Vorstellung von »Karma« etwas anfangen kannst, weiß ich natürlich nicht. Jedenfalls besagt das Gesetz von Ursache und Wirkung unter anderem, dass wir uns nicht zufällig an dem Punkt befinden, an dem wir gerade sind. Auch wenn du nicht an Karma glaubst, kannst du zumindest versuchsweise einmal folgende Haltung einnehmen:

Der Ort, an dem du bist, die Arbeit, die du gerade tust und die Menschen, mit denen du zusammenlebst und arbeitest sind das, was du für deine Entwicklung am nötigsten brauchst. Mit anderen Worten: Alles ist goldrichtig – und du bist auch goldrichtig! Hier und in diesem Moment gibt es nichts, was du ändern müsstest. Um zu werden, wer du bist, musst du keine Umwege machen. Du musst nicht Zar, Sonne, Wolke, Wind oder Felsen werden, wie in der Geschichte; du kannst auch gleich sein, der oder die du bist. Die Veränderungen, die vielleicht nötig sind, werden sich wie von selbst ergeben, wenn du den tieferen Sinn in deinem »Jetzt-und-Hier-Leben« erkennst.

Falls dir das schwerfällt, können vielleicht zwei Fragen weiterhelfen:

1. *Welche Entwicklungsmöglichkeiten bieten sich mir in der jetzigen Situation?*
   Kleiner Tipp: Du kannst dich fragen, welcher Aufgabe du dich jetzt stellen solltest. Oder du kannst darüber nachdenken, ob in den Schwierigkeiten mit anderen Menschen oder an deinem Arbeitsplatz vielleicht auch etwas Wertvolles verborgen liegt. Du kannst jederzeit lernen – auch von unliebsamen Menschen

oder bei schwierigen Aufgaben. Am Ende wird die Lebenssituation, in der du dich gerade befindest, dir wahrscheinlich sogar weiterhelfen, deine Herzensziele zu erreichen.

2. *Was sollte ich verändern?*
   Kleiner Tipp: Meist geht es gar nicht darum, viel im Außen zu verändern. Und auch im Inneren sind es oft nur kleinste Veränderungen, die dich auf den grünen Zweig führen. Vielleicht musst du nur versuchen, weniger Widerstand aufzubauen, öfter »Ja« zu sagen oder einfach nur Frieden zu schließen mit dem, was du tust. Manchmal aber gibt es auch gute Gründe, seine Lebensumstände zu verändern und loszulassen. Mit ganzem Herzen Steinmetz zu sein ist eine wunderbare Sache – doch wenn es einfach nicht dein Ding ist, dann such dir einen neuen Job.

Die Verfolgung

(aus Persien)

Der König war ungerecht. Alle wussten das, doch niemand wagte, ein Wort zu sagen, denn der König war nicht nur ungerecht, sondern auch grausam. Schließlich beschlossen drei Mutige, trotz allem ihre Stimme zu erheben: Faron, der Schmied, Potis, der Baumeister, und Samis, der Müller. Viele hörten ihre Reden und das Volk wurde unruhig. Bald kam dies dem König zu Ohren. Er verfügte, dass die drei Unruhestifter gefangen und zum Tode verurteilt würden und schickte seine Soldaten aus.

In letzter Minute erfuhren die drei, was ihnen drohte, und sie beschlossen, in das Nachbarland zu fliehen. Doch das Land war von allen Seiten von hohen Bergen umgeben und der Weg zum Nachbarland führte über enge und steile Pfade, vorbei an tiefen Abgründen und entlang steiler Felsen. Die Soldaten waren ihnen auf den Fersen und die Flüchtigen waren vollkommen erschöpft. Doch es war nicht mehr allzu weit bis zum hohen Bergpass, wo auch die Grenze verlief. Sie mobilisierten ihre letzten Kräfte und folgten dem Pfad – bis ein Steinschlag den Weg versperrte.

Samis schrie auf: »Wir sind verloren!« Als wäre er verrückt geworden, stürzte er sich auf den glatten Felsen und versuchte ihn zu erklimmen. Mit aller Kraft gelang es ihm sogar einige Meter emporzusteigen. Doch dann verließen ihn seine Kräfte und er stürzte in den Abgrund.

Potis sank nieder, bedeckte die Augen mit den Händen und weinte bitterlich.

Faron aber sprach: »Potis, sind wir nicht in höchster Gefahr?« Der nickte nur. Faron fasste Potis bei den Schultern und schüttelte ihn. »Wenn wir in höchster Gefahr sind, so gibt es doch keine höhere Gefahr mehr. Lass uns versuchen, über das Hindernis zu klettern!« Potis blickte kurz auf die gewaltigen Felsblöcke, die auf dem Pfad lagen, blickte in den Abgrund hinab und die steile Felswand empor. Dann senkte er die Augen, vergrub wieder das Gesicht in den Händen und murmelte: »Es hat keinen Sinn.«

In der Ferne waren schon die Soldaten zu hören, und Faron blieb nichts übrig, als zu versuchen, die Felsblöcke zu erklimmen. Doch schon beim ersten Griff löste sich Sand und fiel ihm in die Augen, sodass er nicht mehr sehen konnte. Er aber sprach zu sich selbst: »Ich bin ja schon in höchster Gefahr, es kann nur besser werden!«

Mit geschlossenen Augen ertastete er seine Griffe, mit den Füßen spürte er, ob sein Stand sicher war. Und zu seinem Staunen bemerkte er, dass er blind sicherer kletterte, als er es sehend jemals gekonnt hätte. Er kletterte immer weiter, und als die Tränen ihm den Sand aus den Augen gespült hatten, stellte er fest, dass das Hindernis überwunden war. Nach ein paar Minuten hatte er die Grenze erreicht und war frei.

Später errichtete er an der Grenze ein Denkmal für seine Freunde, auf dem stand: »Jede Gefahr zwingt dich zum Loslassen. Lass den Verstand los, lass die Hoffnung fahren oder löse dich von der Angst. Wähle mit Bedacht.«

Krisen sind immer auch Chancen

»Krise« kommt von dem aus dem Altgriechischen hergeleiteten lateinischen Wort »crisis«, was »Entscheidung« bedeutet. Wenn du in einer Krise steckst, steht eine Entscheidung an – bei einer

Krankheit ist es im schlimmsten Fall die Entscheidung zwischen Leben und Tod, bei einer Ehekrise geht es um die Entscheidung Versöhnung oder Trennung, und wenn du eine Krise bekommst, weil dir dein Essen angebrannt ist, musst du dich zwischen Ausflippen und Ärgern oder Lachen und Loslassen entscheiden.

Wenn wir von einer Krise hören, denken wir meist an eine Schwierigkeit. Vielleicht bekommen wir in einer Krise Angst, ergreift uns die Wut, fühlen wir uns hilflos und sind gestresst. Nun ist aber jede Krise nichts anderes als die Zuspitzung eines Problems, das eine Entscheidung erfordert. Und in der Entscheidung liegt immer auch eine Chance.

Bist du schwer krank, so besteht die Chance, dass du durch eine effektive Therapie und eine Umstellung deiner Ernährungs-, Lebens- und Denkweise wieder gesund wirst. Wenn die Krankheit jedoch unheilbar ist und dir bewusst wird, dass du diese Welt bald verlassen wirst, bietet das Wissen um das Unvermeidliche dir die Chance, Frieden mit dir selbst und der Welt zu schließen und jeden Augenblick tiefer zu empfinden als je zuvor. Eine Ehekrise kann dazu führen, dass einer oder beide Partner lernen und wachsen, wodurch mehr Verständnis füreinander und eine tiefere Verbundenheit entsteht. Und wenn das Essen angebrannt ist, liegt darin die Chance, einmal das reichhaltige Angebot des Lieferservice zu studieren ...

Ganz gleich, in welche Krise du geraten bist – manches kannst du sicher nicht verändern, doch immer liegt zumindest ein Teil der Entscheidung in deiner Macht. Wenn du dich daran gewöhnt hast, in allen Situationen den weißen Wolf zu füttern, dann werden deine Entscheidungen sicher die richtigen sein und du wirst über kurz oder lang den besten Weg finden. Vergiss nie, dass eine Krise immer auch eine Weggabelung auf dem Weg durch dein Leben ist. Links oder rechts? Nach unten oder nach oben? Du entscheidest!

Chancen-Meditation

Wenn du mitten in einer Krise steckst, ist es natürlich nicht ganz leicht, den weißen Wolf in dir zu füttern, denn dummerweise ist der schwarze Wolf in schwierigen Lebensphasen besonders aktiv. Ob du nun gerade deinen Job verloren hast oder dich einer OP unterziehen musst, ob du durch Horrornachrichten über den Klimawandel zutiefst beunruhigt bist oder auch nur dein Kühlschrank seinen Geist aufgegeben hat – es erfordert immer etwas Konzentration, um *nicht* zu jammern, wütend oder verzweifelt zu sein und stattdessen den weißen Wolf, die guten Gefühle wie Hoffnung oder Gelassenheit und die entsprechenden Gedanken in dir zu wecken. Doch sofern dir das auch nur ansatzweise gelingt, merkst du schnell, wie viel besser sich das anfühlt.

Die folgende Chancen-Meditation ist einfach. Im Prinzip geht es dabei darum, zu üben, wie du besser mit zukünftigen Krisen umgehen kannst. Wie jede andere Fähigkeit wächst die Resilienz, also die Fähigkeit, auch schwere Lebenslagen gut zu überstehen, durch Übung.

Am besten ist es allerdings, die Meditation in Zeiten durchzuführen, in denen du nicht unter akuten Schwierigkeiten leidest. Es geht nämlich nicht darum, mit deiner jetzigen Krise umzugehen, sondern darum, zu üben, wie du in der Zukunft damit umgehen kannst.

Die »Übung« besteht darin, den weißen Wolf in dir zu füttern. Und ausnahmsweise holen wir für diese kleine Kontemplation negative, krisenhafte Ereignisse in unser Bewusstsein.

- Setz dich erst einmal bequem hin und komme ganz zur Ruhe. Werde dir bewusst, dass du im Moment in Sicherheit bist und dass es dir gut geht.
- Sobald du im Augenblick angekommen bist und dich einigermaßen wohl und sicher fühlst, stellst du dir eine mögliche Krisensituation in deiner Fantasie vor. Vergiss aber nicht, dass du jederzeit mit nur

einem tiefen Atemzug in die Sicherheit des Hier und Jetzt zurückkehren kannst, sollten deine Gefühle zu belastend werden.

- Beobachte achtsam, wie sich der schwarze Wolf in Form negativer Gedanken und Gefühle in den Vordergrund drängt, wenn du dir eine Krisensituation, zum Beispiel ein privates oder berufliches Hindernis, ein Beziehungsproblem oder eine schlimme Diagnose vorstellst.
- Sobald du das bemerkst, lächle den schwarzen Wolf freundlich an. Sage ihm: »Ich danke dir, dass du mich warnst. Doch nun brauche ich deine Hilfe nicht mehr.«
- Atme tief aus und rufe anschließend deinen weißen Wolf zu dir. Finde heraus, was an dieser Krise vielleicht gut sein könnte. Wie könnte der richtige Weg aussehen? Welche Chance für dein inneres Wachstum liegt in der Situation verborgen?
- Lass deinen Atem frei fließen. Lass ein sanftes Lächeln auf deinem Gesicht erstrahlen und beobachte achtsam, wie sich deine Gefühle verändern.
- Wenn du das Gefühl hast, dass du aus dieser Krise – die ja nur eine vorgestellte ist – etwas lernen konntest und sie überwunden hast, dann lass die Freude über diesen Schritt in dir aufsteigen. Atme noch einmal tief durch, öffne die Augen und komme, ein wenig krisengestärkt, ganz in diesen Augenblick und in diesen Raum zurück.

Die Chancen-Meditation ist keine Übung für jeden Tag. Es genügt vollkommen, sie zwischendurch einmal auszuführen. Auf diese Weise wird deine Krisenfestigkeit nach und nach wachsen und du verbesserst deine Resilienz. Auch wenn du bei dieser Praxis belastende Momente in deinem Geist aufleben lässt, ist sie weder schwer noch unangenehm: Am Ende gehst du ja immer mit einem guten Gefühl daraus hervor. Und wenn eines Tages tatsächlich eine größere oder kleinere Krise in deinem Leben auftaucht, wirst du leichter damit umgehen können, da du dann eine geübte Krisenmanagerin oder ein geübter Krisenmanager bist.

Der traurige Krug

(aus Schweden)

In Jütland stand ein kleines Haus, das sah sehr fröhlich aus. Darin lebte eine freundliche alte Frau, die Blumen liebte. Doch sie hatte keinen Brunnen und musste jeden Tag Wasser vom Fluss holen. So war der Gang zum Fluss das Erste, was sie jeden Morgen tat. Sie besaß zwei Krüge, die an den Enden eines Wanderstabs hingen, den sie über der Schulter trug. Und wenn sie vom Fluss zurückkam, hatte sie eineinhalb Krüge voll Wasser – einen halben zum Kochen und einen für ihren Blumengarten.

Doch warum nur eineinhalb Krüge voll Wasser und nicht zwei, mögt ihr fragen. Nun, der eine Krug hatte einen kleinen Sprung, durch den das Wasser herauslief, sodass dieser Krug sich schon zur Hälfte geleert hatte, bis die alte Frau vom Fluss wieder zu Hause angekommen war. Einige Jahre ging das so. Was die Frau aber nicht ahnen konnte, war, dass auch Krüge Gedanken, Gefühle und Sorgen haben. Sonst hätte sie gewusst, dass der heile Krug sehr stolz auf seine Leistung, der gesprungene jedoch traurig wegen seines Makels war.

Eines Tages sprach der gesprungene Krug zur Katze, die seine Sprache verstehen konnte: »Ach, wozu bin ich gut? Ich habe einen Riss und kann das Wasser nicht halten, wie es meine Pflicht wäre. Liebe Katze, was soll ich denn nur tun?«

Die Katze setzte sich auf die Hinterpfoten und putzte sich erst einmal lange und gründlich. Dann sah sie den Krug mit ihren klugen Katzenaugen an und sagte: »Du bist doch ein allzu dummer Krug! Hast du nicht bemerkt, dass unsere Meisterin dich immer abwechselnd auf der rechten und dann wieder auf der linken Seite trägt?«

»Nein, das ist mir noch nicht aufgefallen. Aber jetzt, wo du es sagst – es stimmt. Warum tut sie das?«

»Nun, siehst du nicht die vielen schönen und kräftig gewachsenen Blumen auf dem Weg zum Fluss? Hast du dich nie gewundert, warum an anderen Wegen keine Blumen wachsen?«

»Tja, liebe Katze, du kommst ja weiter herum als ich. Also wird es wohl so sein, wie du sagst. Aber warum ist das so?«

»Du bist eben ein dummer Krug!«

Der Krug wäre rot geworden, wäre er nicht ohnehin schon rot gewesen. »Ja, liebe Katze, sicher hast du recht. Aber kannst du mir dieses Rätsel nicht erklären?«

Ein wenig von oben herab sprach die Katze zum Krug: »Ja, das kann ich. Es ist doch ganz einfach: Durch den Riss in deiner Seite läuft ein wenig Wasser heraus. Und das Wasser nährt die Blumen am Wegesrand. Unsere Meisterin wechselt dich jeden Tag zur anderen Seite, damit auf beiden Seiten des Weges die Blumen gedeihen können. Nur durch das, was du als deinen Fehler beklagst, blühen die Blumen auf dem Weg zum Fluss so herrlich und zieren den Weg zu unserem Haus. Dass du dies als Makel betrachtest, ist deine Entscheidung. Du bist eben dumm wie ein Krug!«

Trotz der harten Worte fühlte sich der traurige Krug nun gar nicht mehr traurig, obwohl er doch nur ein dummer Krug war.

Mehr Mut zum Sprung in der Schüssel

Hast du das Gefühl, dass dein Leben zu entspannt und einfach verläuft? Leidest du unter der unerträglichen Leichtigkeit des Seins? Dann hab ich eine Idee, wie du das ganz schnell ändern kannst: Versuche, perfekt zu sein! Versuche, keine Fehler mehr zu machen und keine Schwächen mehr zu haben. Und ich garantiere dir, dass du in kürzester Zeit unzufrieden, gereizt, frustriert und angespannt sein wirst.

Perfektionismus gleicht dem Versuch, an einem Regentag durch einen schlammigen Kartoffelacker zu laufen, ohne dir dabei die Schuhe schmutzig zu machen – das kannst du vergessen, das funktioniert einfach nicht. Perfektion ist eine Illusion, eine fixe Idee darüber, wie etwas »sein sollte«. Und dabei wissen wir alle nur zu gut, dass nicht mal Maschinen und Roboter fehlerlos arbeiten. Obwohl diese Geräte mit dem Anspruch entwickelt wurden, »perfekt« zu funktionieren – früher oder später ist der Wurm drin. Ob Autos, Computer, Smartphones oder elektrische Zahnbürsten, irgendwann geben alle ihren Geist auf. Und das ist auch ganz gut so, denn so gibt es immer noch etwas zu verbessern und weiterzuentwickeln.

Im Fehler liegt die Möglichkeit, zu wachsen. Mit jedem Stolpern lernen kleine Kinder, wie man schließlich gehen kann, ohne auf den Po zu plumpsen. Ob du eine Sprache oder Trompete lernst, ob du einen Tangokurs machst oder beim Kochen ein neues Rezept ausprobierst – damit am Ende was draus wird, musst du den Mut haben, Fehler zu machen. Ohne Fehler und Mängel wäre das Leben ganz schön langweilig. Ohne Fehler zu machen, kann man gar nicht lernen.

Menschen lieben einander übrigens nicht trotz, sondern oft wegen ihrer Fehler. Studien haben gezeigt, dass es selbst bei Models, bei denen das perfekte Aussehen ja eine große Rolle spielt, der »Fehler« oder »Mangel« ist, der über den Erfolg entscheidet. Jene Modelgesichter, die nicht vollkommen ebenmäßig waren, sondern einige markante Abweichungen von der Norm aufwiesen, wurden von den Versuchsteilnehmern durch die Bank als interessanter und attraktiver empfunden.

Außerdem ist Perfektion unheimlich – es fehlt das Persönliche, Menschliche. Das ist interessant und wichtig: Erst kleine Abweichungen von einem theoretischen Ideal geben die Würze. Kleine »Fehler« machen erst die wirkliche Schönheit, die natürliche Vollkommenheit aus. Wirklich perfekt ist also paradoxerweise das nicht hundertprozentig Perfekte!

Vermeintliche Nachteile können sich oft in Vorteile und Mängel sich in Stärken verwandeln. Dazu fällt mir eine daoistische Geschichte ein:

Ein wandernder Zimmermann zog mit seinem Gesellen durchs Land, als sie einen gewaltigen alten Baum an einem Feldrand erblickten. Nahe dem Baum war ein Schrein errichtet worden. »Ach, was könnten wir alles bauen, wenn wir nur das Holz dieses einen Baumes hätten!«, rief der Geselle begeistert.

»Dieser Baum ist nutzlos«, tadelte ihn der Meister. »Sein Holz ist wohl schön, doch er ist alt und knorrig. Die Äste und der Stamm sind krumm gewachsen, sodass man keinen geraden Balken daraus hauen kann. Sein Holz taugt nicht zum Schiffsbau, da es schnell verrotten würde. Man kann keine Balken für ein Haus daraus machen – sie würden brechen. Mit diesem Baum kann man nichts Nützliches anfangen.«

Und so zogen sie weiter.

»Wie gut ist es doch, nutzlos zu sein. Nur weil ich keinen Nutzen habe, bin ich so alt geworden!«, dachte der Baum.

Falls du dich einmal richtig nutzlos fühlst, dann denk daran, dass es keine Notwendigkeit gibt, »nützlich zu sein«, und dass es oft sogar von großem Vorteil ist, es nicht zu sein. Ein Sprung im Krug wässert die Blumen. Und nur wer einen Sprung in der Schüssel hat, kann auf Ideen kommen, auf die andere niemals kämen …

Die vier Schätze

(aus England)

In einer kleinen Hütte am Rande des großen Waldes lebte ein armer Holzsammler. Er durfte kein Holz schlagen, sondern nur herabgefallene Zweige, Äste und Tannenzapfen mitnehmen. Das brachte wenig ein, und er war so arm, dass er manchmal hungrig zu Bett gehen musste. Doch war er ein braver, frommer Mann, und niemals wäre er auf die Idee gekommen zu wildern oder zu stehlen.

Als er eines Tages seine Kiepe halb gefüllt hatte und sich auf den Weg zurück nach Hause machen wollte, stand plötzlich ein alter Mann vor ihm auf dem Weg. Das Gewand des Alten war einfach und sauber, sein langer, grauer Bart wallte bis zu seinem Gürtel und seine Augen strahlten hell und klar wie der Sommerhimmel.

»Warum gehst du nicht ein wenig tiefer in den Wald?«, fragte er.

»Ich bin schwach vor Hunger und wenn ich noch weitergehe, wird der Weg noch länger und meine Last noch schwerer.«

»Und doch: Gehe noch etwas weiter, und du wirst auf einen Schatz stoßen.« Und damit war der sonderbare Alte verschwunden.

Der Holzsammler wusste nicht, was er denken sollte. Da ihm aber nichts Besseres einfiel, tat er, was ihm der Alte geraten hatte. Er ging weiter und weiter, aber gar nicht so lange, da sah er auf einem Baumstumpf drei Silbermünzen schimmern. Mit drei Silbermünzen könnte er drei Monate sorgenfrei leben! Der Holzsammler freute sich sehr und dankte in seinem Herzen dem Alten, der ihm den Weg gewiesen hatte. Rasch leerte er das Holz aus seiner Kiepe und wollte die Silbermünzen einstecken, da trat wieder wie aus dem Nichts der alte Mann hinter einem Baum hervor und sprach: »Warum gehst du nicht ein wenig tiefer in den Wald? Lass das Silber liegen.«

»Ich bin hungrig und schwach, und nun kann ich mir drei Monate etwas Gutes zu essen kaufen!«

»Und doch: Gehe noch ein kleines Stückchen weiter, und du wirst auf einen größeren Schatz stoßen.« Und damit war er verschwunden.

Der Holzsammler wusste nicht, was er denken sollte. Aber da ihm der Alte das erste Mal gut geraten hatte, wollte er auch diesmal dessen Rat folgen. Er ging weiter und weiter, aber gar nicht so lange, da sah er auf einem Baumstumpf drei Goldmünzen glänzen. Mit drei Goldmünzen könnte er ein ganzes Jahr sorgenfrei leben und sich neue Kleidung und neue Schuhe kaufen! Der Holzsammler freute sich sehr und dankte in seinem Herzen dem Alten, der ihm den Weg gewiesen hatte. Gerade wollte er die Goldmünzen einstecken, da trat erneut der alte Mann hinter einem Baum hervor und sprach: »Warum gehst du nicht ein wenig tiefer in den Wald? Lass das Gold liegen.«

»Ich bin hungrig und schwach, und nun kann ich mir neue Schuhe und kaufen und ein ganzes Jahr sorgenfrei leben!«

»Und doch: Gehe noch ein kleines Stückchen weiter, und du wirst auf einen Schatz stoßen.« Und damit war er verschwunden.

Wieder folgte der Holzsammler dem Rat des Alten. Kaum war er ein Stück weit gegangen, da funkelte ihm auf einem Baumstumpf ein großer Edelstein entgegen. Der arme Holzsammler bestaunte den Stein. So etwas Schönes hatte er noch nie gesehen. Mit einem solchen Edelstein könnte er ein großes Haus mit Gesinde kaufen und bräuchte sich keine Sorgen mehr zu machen. Er freute sich sehr und dankte in seinem Herzen dem Alten, der ihm den Weg gewiesen hatte. Gerade wollte er den Edelstein einstecken, da trat wieder der alte Mann hinter einem Baum hervor und sprach: »Warum gehst du nicht ein wenig tiefer in den Wald? Lass den Stein liegen.«

»Ich bin sehr hungrig und schwach, und nun kann ich mir alles kaufen und mein Lebtag ohne Sorgen sein!«

»Und doch: Gehe noch ein Stückchen weiter, und du wirst auf einen noch größeren Schatz stoßen.« Und damit war er verschwunden.

Der Holzsammler wusste nun sehr wohl, was er dachte, nämlich dass er ja gar nicht mehr bräuchte als genug für sein ganzes Leben. Da er ein braver Mann war und es ihn nicht nach gewaltigen Reichtümern und Macht gelüstete, gab es keinerlei Schätze, die er noch brauchte. Nur die Glückseligkeit im Herzen wäre noch wertvoller gewesen.

Doch da der Alte ihm stets gut geraten hatte, beschloss er, ihm auch diesmal zu vertrauen. Und außerdem war er doch neugierig, was wohl geschehen möge.

Er war nicht weit gegangen, da kam er auf eine Lichtung, auf der die herrlichsten Blumen blühten. In der Mitte eines einsamen Weihers stand eine kleine Hütte, zu der ein Brückchen führte. Vor der Hütte saß der Alte, still und friedlich, und ein Leuchten war um seinen Kopf. Der Holzsammler trat über die Brücke und näherte sich ehrfürchtig. Da schlug der Alte die Augen auf, lächelte den Holzsammler an und hielt ihm eine Schale mit Früchten, Beeren, Honig und Milch entgegen.

So hungrig war der arme Holzsammler, dass ihm dieses kleine Mahl wertvoller erschien als alles zuvor, und er aß sich satt. Dann fragte er den Alten: »Und wohin soll ich nun?«

»Dorthin, wo du den größten Schatz von allen findest: nach innen.« Damit schloss der Alte seine Augen und ein Strahlen schien ihn zu umgeben.

Und da der Alte ihm stets gut geraten hatte, beschloss der arme Holzsammler ihm auch diesmal zu vertrauen und folgte seinem Meister auf dem Weg nach innen, wo er tatsächlich den größten Schatz von allen fand und bis an sein Lebensende noch viele, viele Jahre ohne Sorgen und voll Heiterkeit lebte.

Der Diamant in deinem Herzen

Es gibt einen Ort, zu dem der schwarze Wolf keinen Zugang hat. Dieser Ort ist die Mitte deines Herzens – natürlich nicht dein anatomisches, sondern dein spirituelles, dein innerster Wesenskern. In der Tantra- und Yogaphilosophie heißt das spirituelle Zentrum im Herzen »Anahata-Chakra«. »Anahata« bedeutet einerseits »innen«, andererseits »unverletzt« oder »nicht angeschlagen«, was darauf hindeutet, dass wir in der Tiefe unseres Herzens nicht verletzbar sind.

Der alte Weise aus der Geschichte speist den armen Holzfäller nicht mit Silber, Gold oder Diamanten ab. Stattdessen weist er ihm den Weg zu einem viel größeren Schatz – dem Diamanten in seinem Inneren. Jeder von uns trägt diesen strahlenden, klaren Diamanten in sich. Die Frage ist nur: Wie können wir ihn entdecken? Wie können wir in uns selbst Licht und Klarheit finden, und zwar nicht, indem wir an irgendetwas glauben, sondern indem wir leibhaftige, (be)greifbare Erfahrungen machen?

Eine der traditionellen Meditationsmethoden innerhalb der buddhistischen Praxis ist die Vipassana-Meditation. »Vipassana« wird oft mit »Einsicht« übersetzt. Diese Meditation wird auch als »Klarblicks-Meditation« bezeichnet, denn »Vipassana« bedeutet im Grunde nichts anderes als »die Dinge zu sehen, wie sie wirklich sind«.

Der klare Blick, den du durch diese Art der Meditation entwickeln kannst, entsteht aber nicht, indem du über etwas nachdenkst oder analytisch vorgehst, sondern dadurch, dass du Dinge (und dich selbst) inmitten größter Ruhe immer klarer und klarer zu sehen beginnst. Vipassana bildet auch die Grundlage der modernen Achtsamkeitsmeditation, die Stress nachweislich stark reduziert. Ebenso wie bei Vipassana geht es auch in der Übung der Achtsamkeit darum, das Gewahrsein im Hier und Jetzt zu vertiefen und sich für das zu öffnen, was wir in diesem Augenblick mit unseren äußeren und inneren Sinnen wahrnehmen können.

Im Grunde ist die Meditation sehr einfach: Du sitzt mit geschlossenen Augen da und nimmst achtsam wahr, was immer dir gerade bewusst wird. Du beobachtest Gedanken und Gefühle, ohne jedoch auf sie »einzusteigen«. Du siehst sie und lächelst ihnen zu, ohne zu urteilen oder zu bewerten. Und das Ganze machst du mindestens 15 Minuten lang. Das klingt nicht besonders kompliziert, stimmt's?

Die Vipassana-Meditation

Die Vipassana-Meditation ist zwar sehr einfach, aber das heißt leider nicht, dass sie auch leicht wäre. Das Problem besteht darin, dass es leichter gesagt als getan ist, nicht an Gedanken oder Gefühlen festzuhalten. Daher folgt nun eine etwas ausführlichere Anleitung:

- Sorge zunächst für eine stabile und zugleich bequeme Sitzhaltung – der Rücken sollte aufrecht sein. Lehn dich nicht an, sondern sitze »aus eigener Kraft«.
- Entspanne dich in der Haltung so gut wie möglich. Die Augen sind sanft geschlossen, die Schultern locker und Stirn, Augen und Kiefer möglichst gelöst.
- Atme dreimal tief und langsam, möglichst durch die Nase, um ganz bei dir anzukommen.
- Atme ab jetzt ganz entspannt und natürlich durch die Nase – verändere nichts. Lass den Atem kommen und gehen, wie er will.

Um dir die Meditation leichter zu machen, solltest du anfangs nicht versuchen, »alles auf einmal« wahrzunehmen. Lenke deine Achtsamkeit zunächst schrittweise auf verschiedene Objekte:

1. Beobachte einige Atemzüge lang nur deinen Atem – die Atembewegung im Bauch oder an der Nase.
2. Beobachte dann eine Weile nur deinen Körper. Spüre die Muskeln, die Schwere, achte auf Schmerzen, Kribbeln, Wärme oder Wohlgefühle.
3. Ziehe deine Achtsamkeit dann von der Körperbeobachtung ab und lenke sie ganz auf die Geräusche und Klänge um dich herum. Höre einfach nur, was du gerade hören kannst, ohne es in Worte zu fassen oder zu bewerten.
4. Lenke deine Achtsamkeit anschließend zu deinen Gedanken und Gefühlen. Was wird dir gerade bewusst? Kannst du erkennen, ob deine Gedanken in die Vergangenheit oder Zukunft abdriften? Kannst du wahrnehmen, ob deine Stimmung angenehm oder unangenehm ist?
5. Und jetzt komme zur eigentlichen Übung: Dehne deine Achtsamkeit aus. Frage dich: »Was ist jetzt?« Was kannst du in jedem einzelnen Augenblick wahrnehmen? Du wirst bemerken, dass es viele Phänomene gibt: Erinnerungen, Kribbeln, Unruhe, die Atembewegung, Selbstgespräche, Geräusche aus der Nachbarwohnung ... sie alle kommen und gehen. Schaue gelassen zu. Werde immer ruhiger. Genieße es, wenn dein Geist zwischendurch vollkommen klar wird und du tiefen Frieden in dir spürst, während du ganz in das Jetzt eintauchst. Und wenn das anfangs noch nicht geschieht, dann mach kein Problem daraus, denn das ist ganz normal.

Der Berg

(aus Nepal)

Dort, wo heute der Ghorai-Pass ist, lebte vor langer Zeit ein Bauer. Der galt den Bewohnern des Dorfes als Narr, denn er verbrachte jeden Morgen und jeden Abend damit, Steine von dem Berg abzutragen. Als er heiratete, trug auch seine Frau Steine vom Berg, und als ihnen Söhne und Töchter geboren wurden, halfen auch diese mit, sobald sie alt genug waren. Die Nachbarn wussten nicht, was sie denken sollten. Der Bauer war stets freundlich und schien vernünftig, doch vielleicht war sein Wahnsinn ansteckend? Lange wagte niemand, ihn zu fragen, wozu er denn jeden Tag Steine vom Berg hole. Als er schließlich doch gefragt wurde, sagte er: »Hinter dem Berg liegt ein schönes Tal. Der tägliche Weg über den Berg ist zu mühsam für meine Ziegen – also trage ich den Berg ab.«

Nun wussten die Menschen im Dorf, dass er wirklich verrückt war und lachten heimlich über ihn.

Ein Mönch, der durch das Dorf kam, hörte von dem Bauern und wurde neugierig. Er suchte den Bauern auf und fragte: »Mein guter Mann, deine Beharrlichkeit ist bewundernswert, doch wie kannst du glauben, dass du, der du so klein bist, diesen Berg abtragen könntest?«

Da lachte der Bauer und antwortete: »Ja, der Berg ist wohl groß und mächtig. Doch der Wind, das Wasser und das Wetter nagen ständig an ihm. Die Wurzeln der Bäume und das Eis sprengen Felsen, der Fluss trägt Geröll mit sich fort. Und der Berg hat keine Nachkommen. Ich bin wohl klein, doch ich habe Söhne, und meine Söhne werden Söhne haben, also werde ich letztendlich zweifellos den Berg besiegen.«

Mühelos Berge versetzen

Ist es verrückt, Tag für Tag Steine zu schleppen, mit dem Ziel, einen Berg abzutragen? Vielleicht. Doch Ziele zu erreichen gehört andererseits zu den befriedigendsten Dingen im Leben. Solange du auf dem Weg zu deinem Ziel bist, nährst du ganz automatisch den weißen Wolf, denn auf diesem Weg entwickelst du dich, machst neue Erfahrungen, und mit jedem Schritt lernst du dich darüber hinaus selbst besser kennen. Doch pass gut auf: Das gilt nur, wenn du Ziele verfolgst, die auch wirklich zu dir passen und mit deinen Werten in Einklang stehen. Wenn du aber erst einmal ein solches Ziel gefunden hast, dann nichts wie los! Und falls andere der Meinung sind, dass das, was du machst, Quatsch ist und du nur deine Energien vergeudest, dann höre bloß nicht auf sie. Wofür es sich für dich zu kämpfen lohnt, das entscheidest nur du ganz allein.

Einen Berg abtragen zu wollen mag seltsam erscheinen, doch andererseits: Leistungssportler trainieren wie besessen, um Rekorde zu brechen. Ist es wirklich ein lohnendes Ziel, tausend Meter in nur etwas mehr als zwei Minuten zu laufen? Immerhin könnte man ja auch auf seine Vespa steigen und wäre schneller und bequemer an der Zielgeraden. Oder lohnt es sich tatsächlich, im zarten Alter von vier Jahren ein Geiglein in die Hand zu nehmen und dann zehn Jahre lang täglich acht Stunden zu üben, um schließlich ein paar Paganini-Capricen auf der Bühne vortragen zu können? Ich nehme an, dir geht es ähnlich wie mir, wenn ich sage, dass mir das zu blöd wäre. Aber für einen Olympia-Teilnehmer oder einen Konzertgeiger sieht die Sache eben ganz anders aus.

Große Ziele erreicht man nicht an einem Tag. Zwar stimmt es, dass der Glaube Berge versetzen kann, aber mit deinem Glauben allein kannst du noch nicht mal ein paar Kieselsteine von A nach B schaffen. Der Glaube bietet dir die nötige Motivation – und das ist ja schon mal ein guter Anfang. Aber um wirklich Erfolg zu haben, musst du dranbleiben. Talent wird regelmäßig überschätzt, wohingegen Ausdauer und Training fast immer unterschätzt werden.

Vielleicht hast du schon von der 10 000-Stunden-Regel gehört, die der Psychologe Anders Ericsson vor einigen Jahren entdeckte? Sie besagt, was wir im Grunde schon ahnen: Um ein Meister seines Fachs zu werden, muss man über viele Jahre täglich etliche Stunden mit einer bestimmten Tätigkeit verbringen. Ericsson wollte es aber genauer wissen und befragte unter anderem Profimusiker. Er fand heraus, dass es ziemlich genau 10 000 Stunden sind, die wir brauchen, um in einer Sache gut zu sein, und ich meine damit *richtig* gut. Ob du ein Instrument spielen, eine Sprache lernen oder komplizierte mathematische Gleichungen lösen willst – du brauchst dazu Zeit, Beharrlichkeit und Geduld.

Steter Tropfen höhlt den Stein – unermüdlich, aber mühelos. Denn »Mühe« bringt dich nicht weiter; das Wort steckt in »abmühen« und »Mühsal« und klingt schrecklich anstrengend. Schweißausbrüche, Rückenverspannungen und ein verkniffenes Gesicht stehen dir jedoch nur im Weg. Um Pläne erfolgreich umzusetzen, sind Konzentration, Geduld und innere Klarheit viel wichtiger. Das gilt erst recht, wenn du einen ganzen Berg aus dem Weg räumen willst – sei es, weil es dein Leben oder das der Menschen, die nach dir kommen, einfacher machen wird. Dass der Bauer in der Geschichte sich jedoch ausgerechnet um seine Ziegen sorgt, die ja bekanntlich ausgezeichnete Kletterer sind, zeigt, dass er wohl doch ein bisschen verrückt war.

Der Kalif und der Flickschuster

(aus Persien)

Harun Al-Raschid, der Kalif von Bagdad, liebte es, in Verkleidung durch die Straßen seiner Stadt zu gehen und zu hören, was die Nöte und Wünsche seines Volkes seien. Mal trug er das Gewand eines Bettlers, dann eines Kaufmanns, dann eines Schmiedes. Noch nie war er erkannt worden, stets war er von den Bürgern für einen der ihren gehalten worden – und er war stolz darauf.

Nun aber hatte er etwas Besonderes im Sinne: Er suchte einen neuen Ratgeber, der weise und gütig war, und dem er vertrauen konnte. An seinem ganzen Hof hatte er so einen Mann nicht gefunden. Und nun war er in Verkleidung eines Pilgers schon eine ganze Woche durch die Stadt gewandert und hatte mit Menschen aller Stände gesprochen – doch keiner dünkte ihn weise genug für diese Aufgabe.

Am Abend des siebten Tages folgte er einem Flickschuster und sprach ihn an. »Lebst du gut von deinem Gewerbe?«, fragte er.

»Oh ja, ich bin Flickschuster – und auch die besten Schuhe bedürfen einmal der Reparatur. Ich gehe früh jeden Morgen los, und bislang hat sich noch immer genug Arbeit gefunden.«

»Und was ist, wenn du morgen keine Arbeit findest?«

»Ach, morgen«, lachte der Flickschuster. »Morgen kommt, und ich werde sehen, was es bringt. Gepriesen sei Allah!«

Der verkleidete Kalif bedankte sich bei dem Mann und schmunzelte.

Der Mann war arm, aber er hatte das Herz auf dem rechten Fleck. Doch es redete sich leicht. Der Kalif beschloss, den Mann zu prüfen.

Am nächsten Morgen staunte der Flickschuster nicht schlecht. Überall in der Stadt stand angeschlagen, dass der Kalif die Flickschusterei in der Stadt verboten habe. »Welch merkwürdige Einfälle der Kalif hat! Nun, dann werde ich eben Wasser tragen. Wasser brauchen die Menschen noch nötiger als Schuhe!«

Am Abend traf er wieder auf den Pilger, der in Wahrheit der Kalif Harun Al-Raschid war. Dieser sprach: »Mein guter Mann, ich hatte Sorge um dich – hat nicht der Kalif die Flickschusterei verboten?«

»Oh ja, doch so trage ich nun Wasser und verdiene damit mein Brot.«

»Und was ist, wenn du morgen keine Arbeit findest?«

»Ach, morgen,« lachte der Flickschuster. »Morgen kommt, und ich werde sehen, was es bringt. Gepriesen sei Allah!«

Am nächsten Morgen fand der frühere Flickschuster und jetzige Wasserträger, dass nur noch Wasserträger arbeiten durften, die eine besondere Erlaubnis des Kalifen hatten.

»Welch merkwürdige Einfälle der Kalif hat! Nun, dann werde ich eben Holz verkaufen. Alte und Schwache brauchen Holz zum Kochen, aber sie sind zu schwach, es zu hacken und zu sammeln. So werde ich Arbeit finden.«

Am Abend traf er wieder auf den Pilger, der in Wahrheit der Kalif Harun Al-Raschid war. Dieser sprach: »Mein guter Mann, ich hatte Sorge um dich – hat nicht der Kalif das Wassertragen verboten?«

»Oh ja, doch so hacke ich nun Holz und verdiene damit mein Brot.«

»Und was ist, wenn du morgen keine Arbeit findest?«

»Ach, morgen,« lachte der Flickschuster. »Morgen kommt, und ich werde sehen, was es bringt. Gepriesen sei Allah!«

Am nächsten Morgen ging der ehemalige Flickschuster und Wasserträger und jetzige Holzhacker zeitig los; doch er kam nicht weit, da hielt ihn ein Hauptmann der Wache an: »He du: Weißt du nicht, dass jeder, der eine Waffe trägt, einmal die Woche Dienst in der Palastwache tun muss?« Damit nahm er ihm die Axt ab und gab ihm ein Schwert. »Heute Abend kommst du pünktlich zu Sonnenuntergang zum großen Tor des Palastes unsres Herrn Harun Al-Raschid.«

So stand der Flickschuster auf einmal mit einem Schwert da. Wie sollte er nun etwas zu essen verdienen? Er besann sich ein wenig, dann ging er zum Schmied und gab ihm das Schwert als Pfand für ein paar Münzen für sein Mahl. Daraufhin nahm er ein Stück Holz und schnitzte daraus ein Schwert, das genau in die Scheide passte.

Als er sich zu Sonnenuntergang am großen Palasttor einfand, grüßte ihn der Hauptmann. »Du kommst gerade recht. Ein Gefangener muss hingerichtet werden – und diese Aufgabe kommt immer dem neuesten Diensttuenden zu.«

Der Flickschuster wurde bleich. Er wollte keinen Menschen töten. Er bedachte sich kurz, dann warf er sich zu Boden und rief: »Oh Allah, wenn dieser Mensch den Tod verdient hat, so lass mein Schwert scharfer Stahl sein. Hat er den Tod aber nicht verdient, so lass mein Schwert aus Holz sein!«

Dann zog er sein hölzernes Schwert und alle Anwesenden staunten. Nur der weise Herrscher Harun Al-Raschid nicht, der endlich seinen neuen Ratgeber gefunden hatte.

Vertrauen, Flexibilität und Güte – drei Abwehrmittel gegen schwarze Wölfe

Als ich die Geschichte vom Flickschuster zum ersten Mal gelesen habe, musste ich nicht an Allah, sondern ganz spontan an Jesus Christus denken. In Matthäus 6,28 und den folgenden Versen tauchen die berühmten Worte auf, die sicher auch für Menschen, die mit dem Christentum nicht viel anfangen können, inspirierend sind. Es kann daher nicht schaden, sie hier noch einmal zu zitieren:

... Und warum sorgt ihr euch um eure Kleidung? Seht die Lilien auf dem Felde, wie sie wachsen: sie arbeiten nicht, auch spinnen sie nicht. Ich aber sage euch, dass auch Salomo in all seiner Herrlichkeit nicht bekleidet gewesen ist wie diese. Wenn denn aber Gott das Gras auf dem Felde also kleidet, das doch heute steht und morgen in den Ofen geworfen wird: sollte er nicht erst recht euch kleiden, ihr Kleingläubigen? Darum sollt ihr euch nicht sorgen und sagen: Was werden wir essen, was werden wir trinken, womit werden wir uns kleiden? Nach solchem trachten auch die Heiden und euer himmlischer Vater weiß, dass ihr all dessen bedürft. [...] Darum sorgt euch nicht über das Morgen, das doch selbst für sich sorgt.

Selbst wenn der Flickschuster lesen konnte, hätte er die Bibel wohl kaum gekannt. Nichtsdestotrotz führte er ein Leben, wie es im (Heiligen) Buche steht: Er machte sich nicht die geringsten Sorgen über den nächsten Tag oder sein Auskommen. Der schwarze Wolf war bei ihm nur noch Haut und Knochen, weil er nicht das kleinste Häppchen Futter abbekam.

Drei Eigenschaften sind es, die den Flickschuster vor der Macht des Negativen schützen:

1. *Vertrauen:* Der Flickschuster sorgt sich nicht um die Zukunft. Er vertraut auf eine höhere Macht und darauf, dass sich schon immer etwas finden wird. Wer aber frei von Sorgen ist, der ist auch frei von Furcht und kann unbeschwert und gelassen leben.
2. *Flexibilität:* »Wenn ich keine Schuhe flicken kann, dann trage ich eben Wasser. Wenn ich kein Wasserträger mehr sein darf, dann hacke ich eben Holz« Der Flickschuster ist sehr einfalls-

reich. Er verhält sich wie ein Fluss: Sobald ein Hindernis auftaucht, fließt er einfach sanft daran vorbei und bleibt somit unbeschadet. So flexibel und anpassungsfähig zu sein, gelingt ihm aber nur, weil er keine inneren Widerstände gegen das Sein aufbaut. Er ist genügsam und lebt nach dem Grundsatz: »Das ist auch in Ordnung.« Und diese Anspruchslosigkeit ist die Voraussetzung dafür, auch mit schwierigen Umständen kreativ und offen umgehen zu können.

3. *Güte:* Am Ende der Geschichte nutzt der Flickschuster seinen Einfallsreichtum, um den Gefangenen nicht töten zu müssen. Der Trick mit dem Holzschwert ist natürlich großartig. Wir dürfen nicht davon ausgehen, dass wir zur richtigen Zeit immer die richtige Idee haben, doch keine Sorge: Mitgefühl ist auch ohne Holzschwert eine wunderbare Sache, die dich wirkungsvoll davor schützt, dass der schwarze Wolf fett und mächtig wird.

Himmel und Hölle

(aus Japan)

Ein Samurai steht über dem Gesetz und ist niemandem Rechenschaft schuldig. So war der Held Samurai Nobushige für seinen Jähzorn bekannt – der kleinste scheele Blick, das kleinste rüde Wort, das kleinste Zeichen einer Respektlosigkeit bestrafte Nobushige mit dem Tod, und niemand konnte etwas dagegen tun.

Doch Nobushige selbst begann zu zweifeln. War es zu rechtfertigen, was er tat? Würde er einst in die himmlischen Gefilde gelangen, da er ein unerschrockener Held war, oder würden ihn die Himmlischen hinab in die Unterwelt werfen? Nobushige trug diese Gedanken im Herzen, bis er nicht mehr konnte. Da ging er zum weisen Meister Hakuin und fragte: »Gibt es Himmel und Hölle?«

Der Meister sah ihn an und lachte.

Der Samurai runzelte die Stirn, verbeugte sich noch einmal und legte dem Meister sein Schwert zu Füßen. »Bitte gebt mir Antwort: Sind Himmel und Hölle Wirklichkeit oder nur Märchen für Kinder?«

Hakuin lachte, bis ihm die Tränen die Wangen hinunterliefen.

Nobushige wurde zornig auf den Meister. Seine Augen sprühten.

Doch Meister Hakuin lachte immer noch und rief: »Du eselsköpfiger Narr, du elender Tor, was erdreistest du dich, mich mit deinen lächerlichen Fragen zu behelligen?«

Der Samurai hielt nur mit Mühe an sich. Jeder andere hätte schon sterben müssen.

Doch der Meister hörte nicht auf zu schimpfen und ihn gleichzeitig auszulachen. »Himmel und Hölle, du Esel! Deine Vorfahren sind wohl aus dem niedersten Schlamm gekrochen und haben dich als nichtswürdige Brut verstoßen. Du närrischer Taugenichts!«

Nobushige konnte nicht mehr an sich halten und riss in einer flüssigen Bewegung, der das Auge kaum folgen konnte, sein Schwert aus der Scheide. Er hätte dem Meister den Schädel gespalten, hätte dieser nicht ebenso schnell den Finger gehoben und dem Samurai in die Augen geblickt. Nobushige hielt in seinem Schlag inne, und der Meister sprach: »Dies ist das Tor zur Hölle.«

Einen Moment war Nobushige verwirrt, doch dann erlangte er auf einen Schlag Erleuchtung, und er begriff die Lehre des Meisters, warf sich ihm zu Füßen und dankte ihm für die große Einsicht.

Wieder hob der Meister den Finger und sprach: »Dies ist das Tor zum Himmel.«

Der Himmel in dir

Es war eine gute Entscheidung des Samuraikriegers, sein Schwert wieder wegzustecken. Auf diese Weise ist er der Hölle – der Wut, dem Hass und der Arroganz – entkommen, und das ist nicht nur die Rettung für den Zen-Meister, sondern auch für den Samurai selbst.

Wenn du dich für den Himmel in dir entscheidest – für Mitgefühl, inneren Frieden und Freude –, so schenkst du dir dadurch einerseits ein glücklicheres Leben, andererseits schützt du aber auch deine Gesundheit. Wenn du möglichst alt werden und gesund bleiben willst, bringt eine harmonische Gemütsverfassung dir mehr, als öfter Rad zu fahren, seltener Schnitzel zu essen oder weniger Bier zu trinken (obwohl das alles natürlich auch empfehlenswert ist).

Auf der Suche nach dem Geheimnis der Langlebigkeit wurden verschiedene Gesundheitsfaktoren wie Ernährung, sportliche Betätigung und Gelassenheit von Forschern einzeln unter die Lupe genommen. Und siehe da: Es waren nicht etwa die Jogger oder Rohköstler, die besonders alt wurden, sondern Menschen, die heiter und gelassen sind und folglich weitgehend stressfrei leben. Studien zeigen, wie groß die Wirkungen einer bejahenden, positiven Lebensausrichtung sind. Durch Entspannung, Meditation und positives Denken und Fühlen

- nimmt die Ausschüttung von Stresshormonen ab, während die Ausschüttung von Glückshormonen wie Dopamin zunimmt;
- kann dein Immunsystem effektiver arbeiten. Deine Resilienz verbessert sich, oder mit anderen Worten: Es fällt dir leichter, mit Stress umzugehen;
- werden die Selbstheilungskräfte deines Körpers gestärkt;
- werden sogar grundlegende Vorgänge in den Körperzellen beeinflusst und die Chromosomen geschützt.

Nun stellt sich allerdings die Frage, wie man es denn konkret bewerkstelligen soll, seine Gemütsverfassung langfristig zu verbessern. Wie wir inzwischen wissen, ist Positives Denken dazu nur bedingt zu gebrauchen. In Kombination mit Entspannungsmethoden und Meditation kommst du allerdings schon deutlich weiter. Doch das Einzige, was auf Dauer wirklich hilft, ist der achtsame Umgang mit den eigenen Gefühlen.

Oben in der Geschichte heißt es: ... *So war der Held Samurai Nobushige für seinen Jähzorn bekannt – der kleinste scheele Blick, das kleinste rüde Wort, das kleinste Zeichen einer Respektlosigkeit bestrafte Nobushige mit dem Tod ...*

Ich gehe mal davon aus, dass du niemanden mit dem Tod bestrafen wirst, nur weil er dich beleidigt oder dir die Vorfahrt nimmt. Dennoch geschieht uns tagtäglich etwas sehr Ähnliches wie dem Samurai: Wir reagieren auf äußere »Angriffe« ganz automatisch mit teils starken Emotionen. Wohlgemerkt: Emotionen sind kein Problem! Um schwarze Wölfe zu verbannen, ist es überhaupt nicht nötig, ständig gut drauf zu sein. Gefühle wie Wut, Ärger, Traurigkeit oder Angst zu unterdrücken ist keine gute Methode, um den weißen Wolf in dir zu füttern – ganz im Gegenteil.

Deine Gefühle sind kein Problem

Solange du fühlst, kannst du sicher sein, dass du noch lebst. Gefühle sind gut. Auch »schlechte« Gefühle sind gut, und wer sagt eigentlich, dass es so etwas wie »schlechte« Gefühle überhaupt gibt? Zweifellos gibt es angenehme und unangenehme Gefühlszustände, aber deshalb müssen wir sie noch lange nicht in »gut« und »böse« einteilen. Schlecht sind eher die Reaktionen, die bestimmte Gefühle in uns auslösen.

Innerhalb der Achtsamkeitsbewegung ist ein Satz des US-amerikanischen Meditationslehrers Joseph Goldstein berühmt geworden. Er lautet sinngemäß, dass man Wellen zwar nicht aufhalten kann, aber lernen kann, auf ihnen zu surfen. Und wie können wir auf den Wellen aufbrausender Gefühle surfen? Nur dadurch, dass wir uns unseren Emotionen achtsam zuwenden, dass wir sie entstehen, da sein und vergehen lassen, ohne sie zu unterdrücken, abzulehnen oder zu verurteilen.

Achtsamkeitsexperiment: »Steig nicht in die Geschichte ein«

Unsere Gefühle hängen eng mit unserer Gehirnchemie und dem limbischen System zusammen. Sie folgen entwicklungsgeschichtlich uralten Automatismen; wir können unsere Gefühle zwar nicht direkt beeinflussen, wohl aber unsere Reaktionen auf sie.

Belastende Gefühle führen regelmäßig dazu, dass wir ausrasten, uns aufregen, verzweifeln oder den Kopf in den Sand stecken. Ein Gefühl ist jedoch einfach nur ein Gefühl – nicht mehr und nicht weniger. Und es ist allein unsere Entscheidung, ob wir als Reaktion darauf schreien, toben, uns in unser Schneckenhaus zurückziehen oder eine Flasche Wodka aufmachen. In dem Augenblick, da du statt beim reinen Gefühl zu bleiben, »in die Geschichte einsteigst«, fängst du jedenfalls an, den schwarzen Wolf in dir zu nähren. Um das zu verdeutlichen, folgen hier ein paar Alltagsbeispiele:

- Eine Freundin sagt den geplanten Kinoabend ab. Du bist traurig.
- Achtsam beim Gefühl zu bleiben heißt, dass du erkennst, dass da Traurigkeit ist. Du nimmst das Gefühl wahr, benennst es und beobachtest, wie es sich auf deinen Körper auswirkt – auf deinen Atem, deine Haltung, deinen Bauch.
- In die Geschichte einzusteigen bedeutet, dass du darüber nachdenkst, dass es unverschämt ist, so kurzfristig abzusagen: »Es gehört sich nicht. Und das mit den Kopfschmerzen ist sicher nur eine Ausrede. Wahrscheinlich hat ihr Ex sich wieder mal gemeldet und jetzt will sie mit ihm den Abend verbringen. Das war schon früher so, dass auf sie kein Verlass ist« und so weiter und so fort. Das Grübelkarussell ist voll in Fahrt.
- Morgen musst du einen Vortrag halten. Du bist aufgeregt und hast Angst.

- Achtsam beim Gefühl zu bleiben heißt, dass du erkennst, dass Angst in dir ist. Du nimmst das Gefühl wahr, benennst es und beobachtest, wie sich die Angst auf deinen Körper auswirkt – auf deinen Atem, deine Haltung, deinen Bauch. Du nimmst wahr, ob sie in Wellen kommt, wann sie zu- und wann sie abnimmt.
- In die Geschichte einzusteigen bedeutet, dass du anfängst, dir Sorgen zu machen. »Ich hab mich wieder mal schlecht vorbereitet. Was werden wohl die Kollegen denken? Wollte die Firma nicht Mitarbeiter entlassen? Na, dann weiß ich ja schon, wer als Nächstes gefeuert wird. Ich bin einfach ein Versager. Meine Mutter hatte recht – am Ende muss ich froh sein, wenn ich Sozialhilfe bekomme. Aber dann muss ich auch in eine kleine Wohnung umziehen« und so weiter und so fort. Du steckst in der Geschichte, die dein Kopf dir erzählt, statt einfach nur deine Angst zu spüren.

Jeden Tag hast du viele, viele Gelegenheiten, deine Gefühle achtsam unter die Lupe zu nehmen. Dabei kannst du in vier Schritten vorgehen:

1. *Erkenne das Gefühl:* Wenn Angst, Wut, Trauer, Enttäuschung, Freude oder Begeisterung auftauchen, dann spüre, dass dieses Gefühl da ist. Benenne das Gefühl: Sage dir innerlich: »Das ist Angst« oder »Das ist Scham«.
2. *Nimm das Gefühl an:* Akzeptiere es. »Es ist okay, Angst zu haben.« »Es ist vollkommen natürlich, traurig zu sein«, »Jeder Mensch ist irgendwann wütend«.
3. *Beobachte, wie sich das Gefühl auf deinen Körper auswirkt:* Woran erkennst du, dass du wütend, nervös oder niedergeschlagen bist? Wie verändern sich dein Atem, deine Muskeln, deine Körperhaltung? Bewerte das aber nicht, sondern beobachte es nur neugierig.
4. *Gestatte es deinem Gefühl, sich aufzulösen, wenn es an der Zeit ist:* Vertiefe dich nicht in den Gefühlszustand. Mache dir bewusst, dass Ge-

fühle wie Wellen sind, die kommen und auch wieder gehen. Beobachte genau, wann der Zeitpunkt gekommen ist, da das Gefühl sich vollständig aufgelöst hat.

Schöner Wang und Affengesicht Wang

(aus China)

Zwei Brüder lebten einst in Guilin. Der eine besaß ein gutes Herz und war freundlich, doch hässlich wie sonst keiner; so hieß er nur Affengesicht Wang. Der ältere Bruder war hingegen feige und hinterhältig, doch er machte schöne Worte und war wohlgestaltet, sodass er der Schöne Wang genannt wurde.

Der Schöne Wang beschloss eines Tages, seinem Bruder wieder einmal einen Streich zu spielen. Er lockte ihn tief in eine Höhle, dann sprach er: »Affengesicht, warte hier auf mich. Ich gehe Kerzen holen.« Damit verließ er ihn. Affengesicht Wang saß nun mit der halben Kerze, die ihm sein Bruder dagelassen hatte, in der dunklen Höhle. Der Bruder kam nicht, und die Kerze brannte schließlich herunter, flackerte und verlosch. In diesem Augenblick wurde eine Wand der Höhle durchsichtig. Wie staunte Affengesicht, als er einen herrlichen Park mit einem kristallenen Palast in der Mitte sah.

Eine wunderschöne Frauengestalt, das war Shan Shen, die Göttin des Berges und Hüterin des Heiligen Wassers, schwebte zu ihm. »Komm!«

Affengesicht warf sich zu Boden und verbeugte sich tief. »Ehrwürdige Dame, vergebt mir, ich kann nicht mit Euch kommen. Ich warte auf meinen Bruder!«

Die Göttin schüttelte mitleidig den Kopf. »Komm nur, und du erhältst einen Schatz.«

»Nein, ehrwürdige Shan Shen, ich darf meinen Bruder nicht im Stich lassen!«

»Du Tor!«, sprach die Göttin. »So nimm ein Bad im See, das schadet deinem Bruder nicht.«

Affengesicht überlegte kurz, doch der See war ja nur ein paar Schritte entfernt, und so könnte er es wohl wagen. Als er in das Wasser eintauchte, fühlte er seinen ganzen Leib von goldenen Strahlen durchdrungen, die alles mit sich nahmen, was unrein war. Er betrachtete sein Spiegelbild im Wasser und konnte sich daran kaum sattsehen, denn all seine Warzen und Schrunden waren verschwunden und ein schöner Jüngling, schöner noch als sein Bruder, der Schöne Wang, blickte Affengesicht aus dem Wasser entgegen.

»Das, was du siehst, ist das Abbild deines guten Herzens.« Shan Shen lächelte Affengesicht noch einmal huldvoll zu und schwebte davon. Affengesicht warf sich wieder und wieder zu Boden und dankte der Göttin, die in der Ferne verschwand.

Sein Bruder war noch immer nicht zurückgekehrt. Also beschloss er nachzusehen, wo dieser denn bliebe. Inzwischen konnte er auch ohne Kerze in der dunklen Höhle sehen und fand schnell den Weg hinaus. Als er zu Hause ankam, erkannte ihn keiner. Affengesicht hatte vergessen, wie wohlgestaltet er nun war und wunderte sich sehr. Alle lächelten ihn freundlich und bewundernd an. Nur sein Bruder blickte voll Zorn auf ihn, denn er konnte es nicht ertragen, dass ein anderer ihn an Schönheit überträfe.

Als sich Affengesicht zu erkennen gab, staunten die Menschen und wollten wissen, wie das zugegangen sei – wie konnte ein solches Wunder geschehen? Doch Affengesicht, den die Leute fortan den Goldenen Wang nannten, sagte nur, dass er es auch nicht wisse. Und das war die Wahrheit: Denn wie ein Bad im See der Berggöttin ihn von seiner krummen Gestalt und den Warzen und Schrunden heilen konnte, wusste er nicht.

»Warum bist du nicht gekommen, wie du es versprochen hast?«, fragte der Goldene Wang seinen Bruder.

Der wand sich und fand allerlei Ausreden und sprach: »Ich habe gesagt, ich komme, doch nicht, wann.«

Der Goldene Wang verzieh seinem Bruder. Der Schöne Wang gratulierte seinem Bruder zu dessen Wandlung, doch in Wirklichkeit kochte er vor Wut, dass er ihm zu diesem unverdienten Glück verholfen hatte. Er drang in ihn, genau zu erzählen, was er erlebt hatte, und das tat der Goldene Wang gerne.

Gleich am nächsten Tag machte sich der Schöne Wang auf den Weg zur Höhle. Er fand die Kammer, in der er seinen Bruder verlassen hatte. Ungeduldig wartete er, bis seine Kerze schließlich niederbrannte, flackerte und verlosch.

Und tatsächlich wurde die Höhlenwand wieder durchsichtig, Shan Shen, die Göttin des Berges und Hüterin des Heiligen Wassers schwebte zu ihm herab.

Der Schöne Wang warf sich dreimal vor ihr zu Boden und flehte: »Ehrwürdige Shan Shen, bitte gewährt auch mir, was Ihr meinem Bruder gewährtet!«

»Gewiss«, sprach die Göttin. »Geh und nimm ein Bad im See.«

Der Schöne Wang dachte bei sich: »Das ging leicht! Nun werde ich noch schöner werden. Und vielleicht kann ich der Göttin noch ein weiteres Geschenk entlocken.«

Er stieg in den See und tauchte wieder auf, um sich im Spiegel des Wassers zu betrachten. Eine Fratze, die ihm Angst machte, starrte ihm aus blutunterlaufenen Augen entgegen. Er fiel auf die Knie und flehte zur Göttin: »Heilige Shan Shen, warum habt Ihr mir nicht gegeben, was Ihr versprochen habt?«

»Du Narr! Du hast dasselbe bekommen wie dein Bruder: Dein Gesicht ist nun ein Abbild deines Herzens.«

Schön und gut

Schön zu sein ist an sich keine üble Sache. Schöne Menschen werden bevorzugt eingestellt und finden schneller einen Partner. Glücklicher sind sie allerdings nicht, was kein Wunder ist: Von seinem Chef oder Partner nur aufgrund seines Äußeren gewählt zu werden, ist keine gute Grundlage für eine glückliche Zukunft – da sollte man lieber nicht zu viel erwarten.

Wahre Schönheit kommt bekanntlich von innen. Das meinte sicher auch der Dichter Khalil Gibran, als er schrieb, dass Schönheit nicht im Antlitz liege, sondern ein Licht im Herzen sei. Und es ist ja klar, dass es in dem chinesischen Märchen genau darum geht, nämlich um die Schönheit des Herzens.

Schön und gut zu sein ist schön und gut. Nur äußerlich schön, innerlich jedoch ein Schwein zu sein, ist hingegen gar nicht gut. Die Affengesicht-Geschichte erzählt von den Früchten der Güte; sie macht aber noch etwas anderes deutlich: Manchmal sieht man es, wenn man genau hinsieht, gemeinen und unzufriedenen Menschen an, dass sie gemein und unzufrieden sind. Denn ein Mensch ist nie *hässlicher* als in den Augenblicken, in denen er *hasst*. Auch Zornes- und Sorgenfalten sind nicht hübsch anzusehen, und selbst Topmodels können leicht mal ein »Affengesicht« bekommen, wenn sie sich von negativen Gefühlen beherrschen lassen.

Apropos Topmodel: Ab und zu, wenn meine Tochter sich im Fernsehen *Germany's Next Topmodel* anschaut, setze ich mich ein wenig dazu, und dann amüsieren wir uns köstlich. Glücklicherweise beneidet meine Tochter die Mädchen in der Sendung nicht. Mal abgesehen davon, dass Schönheit wohl wirklich im Auge des Betrachters liegt und einige potenzielle Topmodels auf mich eher kränklich wirken, besteht der Reiz der Sendung vor allem darin, mit ansehen zu dürfen, wie unreif und kindisch sich die jungen

Damen verhalten. Mehr als die Hälfte der Sendezeit vergeht mit Gemecker, Gezicke, Intrigen, Neid und der ewigen Unzufriedenheit über das eigene Aussehen – und das wohlgemerkt beim vermeintlich hübschesten Nachwuchs der Republik.

Im Märchen wird der gute Mensch schön, der schlechte hässlich. In der Wirklichkeit ist das an sich genauso, nur leider bei Weitem nicht so offensichtlich. Die Schönheit des Herzens zeigt sich nämlich nicht in Form straffer Oberschenkel oder einer niedlichen Stupsnase. Sie ist unscheinbar. Innere Schönheit können wir nur an unauffälligen Merkmalen erkennen – einem Strahlen in den Augen, einem entspannten, lächelnden Gesicht, freundlichen, mitfühlenden Worten oder einer zugewandten, offenen Art, mit anderen umzugehen. All das entdecken wohl nur Menschen, die »Augen haben, zu sehen« und tiefer als nur bis zur Oberfläche blicken; das sollte man jedenfalls meinen. Psychologische Untersuchungen zeigen jedoch, dass die überwiegende Mehrheit von uns Natürlichkeit und Authentizität interessanter und schöner findet als bloße Schaufensterpuppen-Schönheit. Auf den ersten Blick kann der Schein das Sein zwar oft übertreffen, auf alle weiteren Blicke jedoch nicht mehr.

Selbst überaus hässliche Menschen können übrigens überaus anziehend wirken, wenn ihre innere Kraft in Harmonie ist. Davon erzählt eine alte daoistische Geschichte:

Der Fürst Ai von Lung begegnete dem Weisen Zhuangzi und sprach zu ihm: »Im Staate We lebt ein überaus hässlicher, buckliger Mensch namens Ai Tai To. Doch alle, die mit ihm zusammenleben, bewundern ihn und können sich nicht von ihm trennen. Junge Frauen, die ihn kennenlernen, bitten ihre Eltern, ihn zum Mann nehmen zu dürfen. Lieber wollen sie nur eine Nebenfrau dieses Meisters als irgendeines anderen Mannes Weib sein. Dabei hat der Bucklige bereits über ein Dutzend Frauen.

Ai Tai To sitzt weder auf einem Thron noch besitzt er weltliche Macht. Er tut sich nicht hervor und ist arm. Zudem ist er von erschütternder Hässlichkeit und besitzt kein besonderes Wissen. Und doch scharen sich Männer und Frauen um ihn und er lebt in höchstem Frieden mit den Menschen.

Da ich wissen wollte, was sein Geheimnis ist, ließ ich ihn zu mir rufen. Als ich ihn sah, war ich von seiner Hässlichkeit abgestoßen. Doch kaum hatte er einen Monat bei mir gelebt, da kam er mir ganz menschlich vor. Und kaum, dass ein Jahr vergangen war, vertraute ich ihm vollends, und da ich gerade keinen Kanzler hatte, bot ich ihm die Führung des Staates an. Er sagte nur zögerlich zu, als wolle er lieber ablehnen. Kurze Zeit später verließ er mich und ging in die Berge. Ich trauerte, als wäre ein lieber Freund von mir gegangen, und mir war, als hätte ich niemanden mehr, mit dem ich mich zusammen freuen könnte. Was ist das nur für ein Mensch?«

Zhuangzi antwortete: »Was die Menschen an ihm lieben, ist nicht der Körper, sondern das, was den Körper belebt. So findet der Bucklige Vertrauen, ohne zu sprechen, wird geliebt, ohne etwas zu tun. Er bringt Fürsten dazu, dass sie ihm die Geschäfte ihres Reiches übertragen. Dies zeigt, dass seine Energie vollkommen und sein Geist frei ist. Geburt und Sterben, Leben und Tod, Lob und Tadel, Hitze und Kälte – sie wechseln einander in ewigem Kreislauf ab, ganz wie es dem Wirken des Schicksals entspricht. Darum hütet er sich, seine innere Harmonie von diesen Dingen stören und sie in seine Seele eindringen zu lassen. Vermagst auch du es, innerlich im Einklang zu bleiben und deine Heiterkeit nie zu verlieren, so wird deine Lebensenergie jederzeit in vollkommener Harmonie sein, und du wirst die Schönheit des Himmels ausstrahlen.«

Wie viele Selbstzweifel und Komplexe nähren sich aus der Sorge um das eigene Aussehen! Und in Anbetracht der vielen makellosen Menschen auf der Kinoleinwand und auf Werbeplakaten für Diätjoghurts kann einem der Blick für das Wesentliche ja auch leicht einmal verschwimmen. Dennoch sollten wir uns lieber nicht um die Fülle unseres Haars oder die Form unseres Bauches kümmern, sondern vielmehr um die Harmonie unserer Seele. Demokrit urteilte, dass die Schönheit des Leibes, wenn sie vom Geiste unbeseelt sei, nur tierisch wäre. Unsere Lebendigkeit, die Harmonie des Geistes und unser gütiges Herz machen uns schöner als jede Anti-Falten-Creme. Oder wie es eine weise Zen-Meisterin einmal lächelnd ausdrückte, als sie auf die neunzig zuging und eine ihrer Schülerinnen wissen wollte, was das Geheimnis ihrer außergewöhnlichen Vitalität sei: »Buddha statt Botox.«

Der sorgenvolle Pilger

(aus Armenien)

Ein Pilger hatte die Wüste durchquert. Es war eine lange Wanderung voller Strapazen gewesen und er war hungrig und durstig. Doch nun sah er am Horizont die Stadt, die sein Ziel war: Dort war der große Heilige begraben, dem zu Ehren er die Pilgerfahrt unternommen hatte. Der Pilger war kein armer Mann, doch er hatte vieles hinter sich gelassen, um den Heiligen zu verehren. Aber um durch die Welt zu kommen, braucht man Geld. Und glücklicherweise hatte er genug Geld; ja, einen ganzen Beutel voll Gold.

Als Erstes, dachte er sich, werde ich in ein bescheidenes Gasthaus einkehren und eine Mahlzeit zu mir nehmen, er werde es nicht übertreiben. Eine kleine Suppe und ein Krug mit Wasser verdünntem Wein seien genug. Er freute sich schon sehr darauf. Es waren aber noch ein paar Meilen.

Nachdem er eine Weile weitergegangen war, überlegte er: Die Stadt lag am Rande der Wüste – bestimmt wäre alles dort ein wenig teurer. Er schmunzelte. Gut, dass er ausreichend Geld dabeihatte.

Eine Weile später kam ihm ein neuer Gedanke: Eigentlich könnte der Wirt selbst der übelsten Spelunke ihm einen ganzen Goldtaler für einen Krug Wasser abverlangen. Was könnte er dagegen tun? Er musste ja trinken. Und was, wenn man zwei Taler oder gar drei verlangte? Nun ja, dann würde er wohl zahlen müssen.

Nun stand er schon beinahe vor dem offenen Stadttor und sah bereits das Schild eines Wirtshauses. Und seine Bedenken wurden immer grö-

ßer: Vielleicht verlangte so ein schmieriger Wirt sein ganzes Gold für eine Mahlzeit und einen Krug Wasser! Die Menschen waren ja so gierig. Und er wäre vollkommen hilflos und müsste sich vielleicht sogar als Knecht zu verdingen, um leben zu können.

In ihm stieg die Wut auf. Mit rotem Gesicht trat er auf den Wirt zu, der gerade vor seinem Wirtshaus stand, hob den Finger und schrie: »Kennt Ihr denn überhaupt keine Scham? Einen Beutel Gold für ein Glas Wasser? Dafür werdet Ihr in der Hölle schmoren!«

Füttern verboten!

Der arme Pilger. Eigentlich wollte er ja nur etwas essen und trinken und jetzt – schau ihn dir an – ist er einem Nervenzusammenbruch nah. Aber mal ehrlich: Kommt dir das nicht irgendwie bekannt vor?

Unsere Gefühle sind das Ergebnis unserer Perspektive. Und das einerseits Witzige, andererseits Tragische ist, dass wir uns unsere Schwierigkeiten zwar selbst erschaffen, davon aber normalerweise gar nichts mitbekommen. Mit den Geschichten, die uns unser Kopf erzählt, füttern wir unentwegt den schwarzen Wolf in uns. Dabei ist das meiste, worüber wir uns den Kopf zerbrechen, reiner Unsinn – auch wenn unser Ego uns immer wieder von der »ungeheuren Wichtigkeit« unserer Gedanken überzeugen will.

Der Fiesling, der hinter diesem ganzen Treiben steckt, ist unser »innerer Kommentator« – die Stimme in unserem Kopf, die immerzu werten, beurteilen, verurteilen, ihre Meinung äußern und ihren Senf dazugeben muss. Die Kommentare, die wir gedanklich zu allem und jedem abgeben, färben stark auf unsere Gefühle ab.

Hast du schon einmal bei einer spannenden Fußballübertragung im Fernsehen den Ton ausgeschaltet? Plötzlich ist das atemlose, sich überschlagende und aufgeregte Gequassel des Sportkommentators weg – und mit einem Schlag ändert sich deine Stimmung. Du siehst zwar weiterhin, wie der Ball hin und her rollt, aber die starken Emotionen, die durch den Sprecher angeheizt werden – immerhin ist es ja sein Job dafür zu sorgen, dass die Zuschauer nicht umschalten – sind wie weggeblasen. Falls du Fußball nicht magst, kannst du den Ton auch einmal bei einem Krimi oder bei einer Unterhaltungsshow ausdrehen und stattdessen Musik abspielen. Beobachte dann mal, wie die Veränderung des »Kommentars« die gesamte Stimmung verändert. Wahrscheinlich wird das Fußballspiel weniger interessant, die Grimassen der Schauspieler im Krimi bekommen etwas Absurdes und das Gehabe der Leute in der TV-Show wird zur lächerlichen Komödie.

Der französische Apotheker und Begründer der Autosuggestion, Émile Coué, war der Ansicht, dass wir durch Selbstbeeinflussung unser Leben verändern können. Wenn wir nur regelmäßig und häufig genug wiederholen, dass es uns besser und besser geht und alles gut wird, so wird das auch passieren, meinte er. Ob das stimmt, kann freilich niemand mit Gewissheit sagen. Das Gegenteil stimmt aber auf jeden Fall: Wenn du ständig negative Gedanken hegst, an dir zweifelst, von anderen immer nur das Schlechteste und von dir nicht das Geringste erwartest, dann gibst du dem schwarzen Wolf Kraftfutter und kannst dich darauf verlassen, dass am Ende der langen Kette unheilvoller Fantasien alles schlecht wird.

Indem wir grübeln, Ängste hegen, uns nächtelang Sorgen machen, ständig Selbstzweifel in uns nähren, uns in Neid oder Eifersucht ergehen oder über Problemen brüten, die sich nicht lösen lassen, vergiften wir unseren Geist. Marcus Aurelius schrieb: »Das Glück deines Lebens hängt von der Beschaffenheit deiner Gedanken ab.«

Wenn du dir irgendwann angewöhnt hast, dir ständig Sorgen zu machen, wirst du viele schlimme Dinge erwarten, die nie eintreten werden. Das vermeintlich bevorstehende Unglück wird zum Schreckgespenst, das dich auf Schritt und Tritt verfolgt und lähmt. Im »Faust« heißt es:

Die Sorge nistet gleich im tiefen Herzen,
Dort wirket sie geheime Schmerzen,
Unruhig wiegt sie sich und störet Luft und Ruh;
Sie deckt sich stets mit neuen Masken zu,
Sie mag als Haus und Hof, als Weib und Kind erscheinen,
Als Feuer, Wasser, Dolch und Gift;
Du bebst vor allem, was nicht trifft,
Und was du nie verlierst, das musst du stets beweinen.

J. W. Goethe, Faust I: Nacht (Vers 644–651)

Wenn du den schwarzen Wolf in dir auf Nulldiät setzen willst, solltest du dich an den Titel des guten alten Bestsellers von Dale Carnegie halten: *Sorge dich nicht – lebe!* Sorgen vereinen eine pessimistische Einstellung mit einer blühenden Fantasie. Ohne Sorgen gäbe es zum Beispiel keine Hypochonder. Hypochonder bilden sich ja ständig ein, dass sie schwer krank sind – und das ist wirklich alles andere als ein angenehmes Lebensgefühl. Ich weiß, wovon ich rede, denn ich war als Jugendlicher selbst einer und konnte jede noch so kleine Mücke mühelos in eine lebensbedrohliche Malaria, jedes Ziepen im Kopf in einen Gehirntumor verwandeln.

Negatives Denken belastet unsere Gesundheit, unseren Umgang mit anderen und unser Selbstbild, und es erhöht zudem das Risiko, dass wir mit der Zeit ähnlich verrückt werden wie der Pilger.

Irgendwann hat sich dann die ganze Welt gegen uns verschworen. Dann sind wir tatsächlich überzeugt davon, dass die Ampel *immer* ausgerechnet dann rot wird, wenn wir kommen, dass *immer* ausgerechnet unser Zug Verspätung hat und es *immer* genau dann zu regnen beginnt, wenn wir mal einen Spaziergang machen. Doch zum Glück lassen sich negative Denkmuster durchbrechen, und das ist vor allem Übungssache. Eine hilfreiche Übung bietet die nächste Alltagsmeditation.

Meditation: »Kein Kommentar«

Die folgende Methode ist eine Art mentale Diät. Um gelassen bleiben zu können, ist es sehr wichtig, dass wir lernen, unserem inneren Kommentator regelmäßig eine Pause zu gönnen. Die Dinge passieren auf ihre Weise – niemand zwingt uns, sie ständig zu interpretieren.

Tag für Tag hast du unendlich viele Möglichkeiten, die folgende kleine Meditation in die Praxis umzusetzen. Der erste Schritt besteht darin, zu erkennen, wann deine Gedanken mit dir Achterbahn fahren; der zweite darin, loszulassen und die Dinge einfach »so sein zu lassen«. Du wirst recht bald merken, dass dein Leben sehr viel entspannter und unbeschwerter wird, wenn du dich auf die Wirklichkeit beschränkst, ohne Fantasiegebilde in deinem Kopf hinzuzufügen.

Hier sind ein paar einfache Beispiele, wie du negative Gedankenkarussells im Keim ersticken kannst:

- *»Kein Kommentar« zu dem, wie etwas möglicherweise sein wird:*
  Wenn du mit dem Auto in die Stadt fährst, um Freunde im Restaurant zu treffen, dann denk nicht darüber nach, ob du (k)einen Park-

platz bekommst, wer wohl neben wem sitzen wird, ob Bernhard und Susi auch kommen, oder dein Lieblingstisch wohl frei sein wird. Fahre achtsam Auto und lass dich überraschen.

- *»Kein Kommentar« zu dem, was andere über dich denken könnten:*
  Wenn ein Kollege dich nicht grüßt oder dein Nachbar dich komisch anschaut, dann lass es einfach so sein. Fang nicht an, darüber nachzugrübeln, ob du etwas Falsches gesagt hast, etwas Falsches angezogen hast oder was andere über dich denken. Das wirst du sowieso nie erfahren und es ist auch gar nicht so wichtig – die Menschen sind manchmal eben etwas komisch. Bleibe achtsam im Augenblick. Spar dir Interpretationen.

- *»Kein Kommentar« zu deinen Körperempfindungen:*
  Wenn du Kopfschmerzen hast, ein Kribbeln im Bein spürst oder kalte Füße hast, dann interpretiere auch da nichts hinein. Gehe im Geiste nicht alle möglichen Krankheitsbilder durch und ziehe keine voreiligen Schlüsse. Und fang bloß nicht an zu googeln! Wenn es dramatisch wird, kannst du immer noch zum Arzt gehen. Ansonsten ist es besser, achtsam bei der Körperempfindung zu bleiben, ohne etwas hinzuzufügen, denn die allermeisten »Symptome« verschwinden auf genauso unverständliche Weise, wie sie gekommen sind.

- *»Kein Kommentar« zu negativen Emotionen:*
  Wenn du wütend bist, dann beobachte, wie es ist, wütend zu sein. Suche nicht nach dem Verantwortlichen oder dem »Schuldigen«. Jeder Mensch ist mal wütend, traurig oder ängstlich. Suche nicht nach den »tieferen Ursachen«, betreibe keine Psychoanalyse, sondern bleibe bei deinem Gefühl und beobachte, wie es sich wirklich anfühlt – ohne das Gefühl festzuhalten oder es weghaben zu wollen.

- *»Kein Kommentar« zu seltsamen Verhaltensweisen anderer Menschen:* Wenn dein Gegenüber zu spät zur Verabredung kommt, zu viel redet oder zu wenig, wenn er ständig auf sein Handy starrt, einen seltsamen Hut aufhat oder sich eklige Innereien zum Essen bestellt, dann lass es so sein. Lass sie oder ihn, wie er ist. Du musst nichts kommentieren oder bewerten. Beobachte neugierig (vor allem dich selbst) und gib anderen so viel Raum wie möglich. Bleibe achtsam bei deiner Erfahrung und gleichzeitig offen für neue Erfahrungen. Und wenn du in einem Restaurant essen willst, frag den Wirt doch einfach nach den Preisen. Lass die Pferde deiner Fantasie deswegen nicht gleich mit dir durchgehen.

Wolf
und Hund

(nach Aesop)

Der Wolf und der Hund, der den Hof des Bauern bewachte, begegneten sich eines Nachts und grüßten sich höflich. Der Wolf war hager und struppig, der Hund jedoch wohlgenährt, mit glänzendem Fell.

»Sag, Vetter, wie kommt es, dass du so wohlgenährt bist?«, fragte der Wolf.

»Ich habe eine gute Arbeit«, antwortete der Hund. »Ich wache über den Hof des Bauern und verjage die Diebe. Dafür bekomme ich morgens, mittags und abends Fleisch zu essen.«

»Das ist wirklich ein herrliches Leben. Ich wollte, ich hätte es so gut wie du!«

»Aber wie kommt es, dass du so hager und struppig bist?«, fragte nun der Hund.

»Ich lebe frei im Wald«, antwortete der Wolf. »Ich tue, wie es mir beliebt und bin ständig auf der Jagd. Und wenn der Vollmond scheint, treffe ich mich mit meinen Brüdern auf dem Felsen und singe für den Mond.«

»Das ist wirklich ein herrliches Leben. Ich wollte, ich hätte es so gut wie du!«

Sicher in Freiheit, frei in Sicherheit

Wärst du lieber der Hund oder der Wolf in der Geschichte? Was glaubst du, welcher von beiden hat wohl die bessere Wahl getroffen?

Wenn dir jetzt eine schnelle Antwort über die Lippen kommt, weil du vielleicht glaubst, Freiheit wäre wichtiger oder Sicherheit vernünftiger, dann wirst du gleich sehen, dass das Ganze gar nicht so einfach ist.

Ich habe zum Beispiel einen sogenannten »kreativen Job«. Als »Freiberufler« (in dem ja auch schon das Wort »frei« steckt) bleibt mir ein Chef erspart, feste Arbeitszeiten ebenso. Als ich die Fabel gelesen habe, dachte ich zunächst: »Klar, Freiheit ist viel entscheidender!« Aber dann fing ich an, mir das Ganze noch einmal ein wenig genauer zu überlegen, und da wurde es kompliziert. Immerhin lebe ich in einer festen Ehe, habe drei Kinder, genieße die Sicherheit, ein Dach über dem Kopf zu haben, zahle ins Rentensystem ein und bin ganz bestimmt alles andere als ein Abenteurer. Was heißt da also schon »frei«?

Sowohl Freiheit als auch Sicherheit haben ihre Vor- und Nachteile: Der Hund bekommt mehr als genug zu fressen, dafür kann er nicht vom Bauernhof weg. Der Wolf ist frei, den Mond anzuheulen, wann immer er Lust dazu hat, dafür muss er dauernd auf die Jagd gehen, und wenn ihm das Kaninchen entwischt, heißt es wohl oder übel, mit knurrendem Bauch einschlafen zu müssen.

Frei zu sein ermöglicht es uns, Abenteuer zu erleben, neue Erfahrungen zu machen, unseren Mut zu entwickeln, spontanere Entscheidungen treffen zu können und den weißen Wolf ausgiebig zu füttern.

Sicher zu sein ist aber auch ein schönes Gefühl, denn Sicherheit vermittelt Vertrauen und Geborgenheit, und der feste Rahmen schützt uns davor, die Orientierung zu verlieren oder mit Sorgen den schwarzen Wolf zu füttern.

Im Grunde brauchen wir also beides, und das fängt schon sehr früh an. Kleine Kinder brauchen Wurzeln. Sie sehnen sich nach festen Rhythmen, lieben Rituale wie die abendliche Gutenachtgeschichte oder »feste Feste« wie Weihnachten oder Ostern. Sie brauchen Menschen, auf die sie sich verlassen können, brauchen Wurzeln, um fest auf der Erde stehen zu können. Je älter sie werden, desto wichtiger werden dann die Flügel, desto größer das Bedürfnis, Neues auszuprobieren und auch mal Grenzen zu überschreiten.

Bei Erwachsenen ist das Bedürfnis nach Sicherheit sehr individuell – da ist jeder anders gestrickt. Vielleicht ist schon was dran, dass jüngere Leute eher frei, ältere lieber abgesichert sein wollen, doch es gibt auch genug Gegenbeispiele: BWL-Studenten, denen ihre Sicherheit heilig ist, oder Senioren, die »aussteigen« und etwas ganz Neues beginnen, die nach dem Grundsatz »je oller, je doller« leben.

Sicherheit und Freiheit – beides ist gut und hat in unterschiedlichen Phasen und Bereichen unseres Lebens seine Berechtigung. Ist also alles prima? Leider nicht, denn das Problem entsteht, wenn wir anfangen, uns nach dem zu sehnen, was wir *nicht* haben. Und natürlich tappen wir immer wieder in die »Die-anderen-haben's-besser-Falle«. Wer fest angestellt ist und einen sicheren Job hat, sehnt sich nach Freiheit und mehr Kreativität, Freelancer hingegen nach einer sicheren Auftragslage. Wer in einer festen Beziehung lebt, träumt früher oder später von Liebesabenteuern mit einer/einem anderen, während manch einsames Herz von einer festen Beziehung träumt. Der Hund will auf die Jagd gehen und der Wolf sein sicheres Abendessen. Man kann es halt keinem hundertprozentig recht machen.

Zufrieden kannst du nur dann sein, wenn du erkennst, dass du nicht alles haben kannst. Möchtest du raus aufs stürmische Meer oder lieber im sicheren Hafen bleiben? Beides ist vollkommen okay – aber du musst dich entscheiden und deiner Entscheidung dann auch vertrauen.

Achtsamkeitsexperiment: »Entdecke deine Möglichkeiten«

Ob Freiheit oder Sicherheit – du könntest beides natürlich auch als reine Illusion ansehen: Kein Job ist wirklich sicher und unser Leben noch viel weniger. Das Einzige, was sicher ist, ist bekanntlich der Tod. Und ebenso wie mit der Sicherheit ist es auch mit der Freiheit so eine Sache: Selbst, wenn du auf einer Trauminsel lebst, den ganzen Tag auf deinem Segelboot sitzt und genug Geld auf dem Konto hast, von deinen Gedanken, Gefühlen und Stimmungen wirst du dennoch nicht frei sein (außer wenn du erleuchtet bist, aber dann brauchst du auch kein Segelboot).

Andererseits kannst du Freiheit und Sicherheit aber auch als Realität ansehen. Und dann wäre die Frage, ob du nicht beides miteinander vereinen kannst. Wer sagt denn, dass du dich als Globetrotter auf Weltreise nicht trotzdem sicher und geborgen fühlen kannst? Wenn du in dein Leben vertraust, wirst du auch Stürme überstehen, ohne vor Angst zu erstarren. Und umgekehrt: Auch in einem sehr geordneten, fest strukturierten und sicheren Leben ist es jederzeit möglich, Neues auszuprobieren, alte Gewohnheiten zu durchbrechen oder sich innerlich frei und unabhängig zu fühlen.

Ein paar Fragen helfen dir dabei, ein gesundes Gleichgewicht zwischen Freiheit und Sicherheit herzustellen:

- Ganz spontan: Welcher Wert ist für dein Leben wichtiger – frei oder abgesichert zu sein? Was von beidem verleiht deinem Leben mehr Sinn? Womit fühlst du dich wohler?
- Gibt es bestimmte Bereiche deines Lebens, wo du gerne freier wärst? Etwa, was deine Arbeit, deine Beziehungen oder Verpflichtungen betrifft? Was genau ist es, das dich einschränkt – die äußeren Umstände oder deine innere Einstellung?
- Gibt es bestimmte Bereiche deines Lebens, in denen du gerne mehr Sicherheit erfahren würdest? Welche sind das genau?
- Findest du Möglichkeiten, dich in einem wilden, freien Leben dennoch sicher und geborgen zu fühlen? Nicht zu wissen, was der morgige Tag bringt, ist kein Grund, Ängste und Sorgen zu hegen. Da erinnere ich nur an die Geschichte vom Kalifen und dem Flickschuster. Blaise Pascal sagte in seinen *Pensées*, dass es sogar Freude macht, in einem vom Sturm gepeitschten Schiff zu fahren, wenn man sicher ist, dass es nicht sinken wird. Wenn du Stürme liebst, musst du eben viel Vertrauen haben.
- Kannst du Möglichkeiten für dich entdecken, inmitten der Routine und sicherer Strukturen dennoch Neues auszuprobieren oder dich freier zu fühlen? Wenn du dir klarmachst, dass die Entscheidung immer bei dir liegt, also auch die Entscheidung für ein abgesichertes Dasein, wirst du dich nicht als Opfer der Umstände sehen. Unfrei wirst du ja nicht etwa durch einen geregelten Tagesablauf, sondern durch inneres Festhalten. Du kannst jahrelang in derselben Beziehung, demselben Job und der derselben Wohnung stecken und innerlich so frei sein wie ein Vogel – oder wie ein schöner, weißer Wolf.

Der junge Dieb

(aus China)

Herr Li besaß ein Messer, das unvergleichlich war. Er hatte es von seinem Vater erhalten, dieser von seinem Vater und jener wiederum von seinem, und so weiter über viele Generationen hinweg. Obgleich das Messer viele Hundert Jahre alt war, war es doch scharf geblieben, und sein Griff aus Jade machte es zu einem einzigartigen Schmuckstück.

Eines Tages war das Messer verschwunden. Herr Li wurde bleich vor Schreck. Er hastete hin und her, blickte in jede Ecke und jede Ritze, um das Messer zu finden. Schließlich gab er erschöpft auf und sank weinend auf die Bank vor seinem Hause nieder.

Da fiel sein Blick auf den Nachbarsjungen, Wu Lu-He. Herr Li kam ein Verdacht: Hatte vielleicht Lu-He das kostbare Messer gestohlen? Er starrte den Jungen an und dieser, Herrn Lis Blick spürend, wandte sich Herrn Li zu. Sein Blick schien ihn zu verhöhnen. Und tatsächlich verspottete ihn der Bursche: »Guten Morgen Herr Li! Ich hoffe, Ihr habt einen wunderbaren Tag!«

Herr Li hätte sich am liebsten sofort auf ihn gestürzt und ihn grün und blau geschlagen, damit er seine Schuld eingestehe – doch er wusste wohl, dass es keine Beweise gab, und womöglich würde der Richter nicht den Dieb, sondern ihn, Herrn Li, bestrafen. Am besten wäre es, wenn er Lu-He beobachten würde. Er durfte sich nichts anmerken lassen. Also setzte er ein freundliches Gesicht auf und grüßte zurück.

Herr Li war fortan auf der Lauer: So oft er konnte, beobachtete er das Nachbarhaus und vor allem das Kommen und Gehen des Knaben. Doch der schien zu wissen, dass er beobachtet wurde, denn wie um Herrn Li zu foppen, ging er nur an Herrn Lis Haus vorbei zum Brunnen und kehrte sofort wieder nach Hause zurück. Herr Li sah, wie der junge Bösewicht verschlagene Blicke um sich warf.

Herrn Li war das Antlitz des Knaben beinahe so vertraut wie sein eigenes. Aber nun verstand er überhaupt nicht mehr, wie er dieses Kind einmal gemocht, ihm dann und wann Süßigkeiten geschenkt und ihn gar in sein Haus eingeladen hatte, um ihm das kostbare Messer zu zeigen. Der Junge trug alle Merkmale des typischen Verbrechers: Die Augenlider hingen etwas herab, die Augenbrauen schienen sich begegnen zu wollen und der unstete Blick verriet ihn, ebenso der schleichende Gang und die Unruhe seiner Hände. Lu-He zeigte sich immer unverschämter. Einmal lachte er sogar laut auf, als er vorüberschlenderte.

So ging das sechs Tage lang.

Am siebten Tag jedoch fand Herr Li das kostbare Messer, eingewickelt hinter der Truhe, in der er es früher aufbewahrt hatte. Er selbst hatte es dort abgelegt.

Als er am Nachmittag Wu Lu-He begegnete, sah dieser wie verwandelt aus, und er glich in keiner Weise einem Dieb.

Richtet nicht, auf dass ihr nicht gerichtet werdet

Man kann von Glück sagen, dass Herr Li kein Richter war. Ansonsten wäre der freundliche Nachbarsjunge vielleicht völlig unschuldig hinter Schloss und Riegel gelandet – oder, da die Geschichte im alten China spielt, vielleicht sogar in einer Folterkammer. Doch selbst unsere modernen Richter, die nicht nach Gutdünken, sondern nach Recht und Gesetz urteilen, sind nicht ohne Fehl. Ich möchte mir lieber gar nicht ausmalen, wie viele Menschen zu Unrecht verurteilt werden und ihre kostbare Lebenszeit in einer muffigen Zelle absitzen müssen. Oder in manchen Ländern sogar unschuldig hingerichtet wurden. Als das US-Justizministerium Gerichtsurteile aus der Zeit zwischen 1985 und 2000 untersuchte, bei denen das Verbrechen aufgrund von Haar-Analysen mit dem Mikroskop »nachgewiesen« worden war, stellte sich bei DNA-Analysen heraus, dass 95 Prozent der Haaranalysen falsch waren und 14 Menschen bereits hingerichtet worden waren – erwiesenermaßen unschuldig!

Zum Glück bin ich kein Richter. Schon für den Profi ist es so gut wie unmöglich, sich nicht von seinen Vorurteilen leiten zu lassen. Wie soll es da erst »normalen Menschen« gelingen, objektiv zu urteilen?

Wir täten gut daran, uns immer wieder einmal vor Augen zu führen, dass »unsere Wirklichkeit« nicht »die Wirklichkeit« ist. Unser Geist formt seine Wirklichkeit nämlich frei nach seiner Fasson. Unsere Gedanken und Gefühle werden nur zu oft von einem wohlgenährten, zähnefletschenden schwarzen Wolf bestimmt, sodass wir die Dinge nicht mehr ruhig und klar sehen können. Statt offen und frei von Wertungen und Urteilen zu bleiben, lassen wir uns von unseren Vorurteilen und Meinungen dirigieren.

Umso fataler ist das Ganze, weil unsere Vorurteile nicht das Gute voraussetzen, sondern viel öfter vom Schlimmsten ausgehen. In dem salopp gekleideten Fremden auf der Parkbank vermuten nur Wenige den legeren Künstler, der unsere Welt mit seinen kreativen Einfällen zu einem bunteren und schöneren Ort macht. Viel eher sehen wir in ihm den ungepflegten Sozialschmarotzer, der nur »unser Geld will« und eine Bedrohung für Frauen und Kinder darstellt. Na gut: Ganz so schlimm ist es ja vielleicht nicht, erst recht nicht bei Leserinnen und Lesern, die Gefallen an Büchern mit weisen Geschichten aus aller Welt finden. Aber ganz ehrlich: Wer von uns sieht nicht genau das, was er sehen will? Und wer bildet sich nicht eine Menge auf seine Meinung ein?

Es gibt kaum etwas, an dem wir so stark hängen und von dem wir so überzeugt sind, wie unsere Meinungen. Viele glauben sogar regelrecht, dass sie ihre Meinungen *sind*. Wenn man ihnen dann sagt, dass Meinungen nur Identifikationen und Gedankenkonstrukte und dementsprechend vergänglich sind, bekommen sie es mit der Angst zu tun oder werden wütend. Wer sind wir schließlich überhaupt noch ohne unsere Meinung, auf der wir beharren können?

Keine Sorge – auch ohne Vor- und andere Urteile bleibt noch genug von uns übrig. Genau genommen bleibt sogar viel mehr, denn Achtsamkeit, Weisheit, Verständnis und Toleranz können erst dann zum Zuge kommen, wenn wir uns vom Korsett unserer Meinungen befreit haben.

Wenn wir einem anderen Menschen begegnen, so begegnen wir meist nur unserer Vorstellung von diesem Menschen. Und es ist unsere Meinung darüber, wie dieser Mensch ist, die diese Vorstellung formt. Auf diese Weise jedoch verschließen wir das Tor zur Wirklichkeit und verwandeln etwas, das lebt und sich ständig entwickelt, in ein totes Bild – einen bloßen Schnappschuss.

Achtsamkeitsexperiment: »Meinungsfreiheit«

In einer freien Gesellschaft wie der unsrigen ist es leicht zu sagen, was wir denken. Ob unsere Meinungen es allerdings unbedingt wert sind, sie über soziale Netzwerke auf die Menschheit loszulassen, sei dahingestellt. Bei der folgenden Übung geht es einmal nicht darum, »zu sagen, was wir sagen wollen«, sondern »zu denken, was wir denken wollen«.

Ebenso wie du wieder freier atmen kannst, wenn du eine zu enge Jeans ausziehst, die dich einschnürt, kannst du geistig wieder tiefer atmen, wenn du dich von Meinungen befreist, die dich zwingen, die Dinge auf die immer gleiche Weise zu sehen.

Wie wäre es, wenn du einmal bewusst deine Perspektive verändern würdest? Versuche aktiv, Argumente zu finden, die die Gegenposition zu deiner Ansicht repräsentieren. Wechsle deine Meinung, einfach so zum Spaß, als befreiendes Gedankenexperiment. Suche eine Meinung aus, an die du wirklich glaubst. Dazu reicht schon ein einfacher Glaubenssatz. Und dann: Denk darüber nach, wie du argumentieren könntest, wenn du jemanden vom genauen Gegenteil überzeugen müsstest:

- Du glaubst, Schokolade sei ungesund? Dann recherchiere einmal, wie viele wertvolle Inhaltsstoffe im Kakao enthalten sind, wie Schokolade Glückshormone im Gehirn weckt und warum die enthaltenen Antioxidantien dein Immunsystem stärken.
- Du glaubst, Schokolade sei gesund? Dann schau doch mal, wie viel Fett und Zucker in einer Tafel Schokolade stecken und wie »gut« diese Substanzen für den Körper sind.
- Du findest, dass man seinen Kindern in der Erziehung so viel Freiraum wie möglich lassen sollte? Dann versuche, möglichst viele Gründe zu finden, warum Kinder klare Grenzen brauchen und warum zu viel Freiheit nur zu Orientierungslosigkeit und Unzufriedenheit führt.
- Du meinst, dass Kinder Grenzen brauchen? Dann überleg mal, ob diese Grenzen vor allem dem Wohl des Kindes oder der Bequemlichkeit der Erwachsenen dienen.
- Du denkst, dass Mörder lebenslang hinter Gittern sitzen sollten? Dann beschäftige dich damit, warum ein Bundesjustizminister vor einigen Jahren eine zwingende lebenslange Haft für Mörder abschaffen las-

sen wollte, warum zum Beispiel Verzweiflungstaten besonders zu bewerten sind und wie Psychologen darauf gekommen sind zu sagen, dass härtere Strafen nicht dazu beitragen, Kriminalität einzudämmen.

- Du meinst, dass auch ein Mörder eine zweite Chance verdient hat? Dann sieh dir mal Fälle an, wo ein freigelassener Mörder wieder gemordet hat und überlege, was das für die Angehörigen der Opfer bedeutet.
- Du glaubst, dass es ohne Fleiß keinen Preis gibt? Dann argumentiere einmal wie jemand, der sagt, dass die reichsten Menschen oft nur Glück oder einen Haufen geerbt haben. Oder aber, dass man umso erfolgreicher sein wird, je weniger man sich anstrengt und je spielerischer man an seine Aufgaben rangeht.
- Du meinst, dass es ungerecht in der Welt zugeht und sich nur die Gierigen alles in den Rachen schieben? Dann argumentiere doch mal mit Beispielen von Menschen, die sehr sympathisch sind und ohne Gier, sondern mit Ausdauer, Fleiß und Kreativität zu großem Reichtum gekommen sind.

Und wenn du glaubst, dass der junge Mann von nebenan ein Dieb ist, weil dir plötzlich dein Messer mit dem schönen Jadegriff abhandengekommen ist, dann versuche es einmal anders zu sehen: Vielleicht hast du das Messer ja nur verlegt.

Das Versteck der Weisheit

(aus Indien)

Vor Urzeiten schufen die Götter das Menschengeschlecht. Doch bald stellten sie fest, dass die Menschen noch nicht reif für die Weisheit des Universums seien – sie würden nur Unfug damit treiben. Also beschlossen die Götter, die Weisheit zu verbergen, so, dass die Menschen sie nicht fänden, bis sie einst reif genug sein würden.

Doch wo gab es ein sicheres Versteck für diesen kostbaren Schatz?

Brahma schlug vor, die Weisheit auf dem höchsten Berg zu verstecken. Doch würde der Mensch nicht bald alle Berge erklommen haben und so auch die Weisheit in Besitz nehmen und sie missbrauchen?

Vishnu riet, die Weisheit an der tiefsten Stelle im Meer zu versenken. Aber war nicht auch dort die Gefahr, dass die Menschen in ihrer Rastlosigkeit die Weisheit zu früh fänden?

Schließlich sprach Shiva: »Lasst uns die Weisheit des Universums im Herzen des Menschen verstecken. Dort wird sie niemand vermuten, und die Weisheit wird erst dann gefunden werden, wenn die Menschen reif sind und den Weg in ihr Inneres gehen.«

Und so geschah es.

Weisheit: Basisfutter für den weißen Wolf

Ganz schön gemein von den Göttern, die Weisheit so gut zu verstecken, dass kein normaler Mensch sie je finden würde. Aber die Geschichte zeigt uns noch etwas, dass nämlich die Götter auch nicht immer die Hellsten sind. Auch *ohne die Weisheit* hat die Menschheit schließlich einen Haufen Unfug angestellt; wie kann man da auf die Idee kommen, dass sie *mit der Weisheit* noch mehr Unheil anrichten könnte? Offensichtlich ist genau das Gegenteil der Fall: Es wird allerhöchste Zeit, dass die Weisheit sich über unseren Globus verbreitet – und je schneller, desto besser! Noch nie war das Leben auf unserem Planten so bedroht wie heute. Worauf also noch warten? Am Ende bietet Weisheit den einzigen Ausweg aus den ganzen Problemen, die Menschen untereinander und in der Natur verursachen. Lasst also endlich die weißen Wölfe frei! Schwarze gibt es schon mehr als genug!

Wenn du Weisheit entwickelst, brauchst du dir um das Wohlergehen deines weißen Wolfs keine Sorgen mehr zu machen. Ob Mitgefühl, Freude, Liebe, Heiterkeit, Gelassenheit oder Glückseligkeit, sobald du Weisheit erlangt hast, kriegst du den Rest quasi »all inclusive« dazu. Und wie du sicher auch schon vorher wusstest, ist Weisheit nicht in Büchern, sondern nur in unserem Herzen zu finden.

Aber jetzt geht der Stress los – nicht für dich, sondern für uns: Etwas beschreiben zu wollen, das nur jenseits der Worte erfahrbar ist, ist für einen oder auch zwei Autoren eine ziemlich harte Nuss. Das Wort »Weisheit« sagt so wenig aus, um was es wirklich geht, wie die Buchstaben »H«, »E«, »R« und »Z«. Dass die Weisheit im Herzen nichts mit dem blutpumpenden Organ zu tun hat und weder durch Ultraschall sichtbar noch durch ein Stethoskop hörbar gemacht werden kann, ist auch klar. Somit könnte das Kapitel jetzt eigentlich enden, denn wie soll man sagen, was ohnehin nicht gesagt werden kann? Andererseits: Versuchen können wir es ja mal.

Immerhin ein paar Dinge wissen wir über die Weisheit. Zum Beispiel, dass sie immer gemeinsam mit Mitgefühl auftritt. Oder dass weise Menschen auf intuitive Weise Dinge erkennen, die der Verstand nicht sehen kann. Weisheit ermöglicht tiefe Einsichten und führt zu Offenheit und geistigem Frieden. Die eben erzählte Geschichte zeigt, dass die Götter die Weisheit weder auf dem höchsten Berg noch in den tiefsten Meeren versteckt haben. Und in komplizierten esoterischen Theorien werden wir sie auch nicht aufspüren. Im Grunde ist die Sache viel einfacher: »Suchet, und ihr werdet finden« heißt es im Neuen Testament (Mt. 7.7). Und an anderer Stelle steht auch gleich noch, *wo* wir denn am besten suchen sollten: »Denn sehet, das Reich Gottes ist inwendig in euch« (Lk 17.21).

Wenn das »Reich Gottes«, die »Glückseligkeit«, die »Weisheit« oder wie immer du es nennen willst, inwendig in dir, also in deinem Herzen verborgen ist, dann fragt sich, wie du es denn schaffen kannst, da hinein zu kommen. Die Antwort: durch Meditation. In der Meditation ist dein Geist empfänglich und offen, friedlich und wach. Geistesgifte wie Gier, Hass oder Verblendung werden aufgelöst, wodurch sich Klarheit und Weisheit ganz natürlich entfalten. Dabei ist es übrigens gar nicht nötig, negative Gefühle zu unterdrücken. Du kannst dich einfach zurücklehnen (aber nur innerlich, denn schief zu sitzen ist nicht so hilfreich) und sie akzeptieren, wodurch sie sich schließlich von selbst auflösen.

Laut der buddhistischen Lehre wird Weisheit erst erfahrbar, wenn wir sowohl körperlich als auch geistig in einem Zustand der vollkommenen Harmonie sind. Dieser Zustand tiefster Versenkung und höchster Sammlung, der auch als »Samadhi« bezeichnet wird, ist Ziel vieler östlicher Meditationsmethoden. Doch auch die christliche Mystik hat sich mit dem Zur-Ruhe-Kommen aller Geistesinhalte in der Kontemplation befasst. Nur wenn der Meditierende oder Betende sich von allen Gedanken, Assoziationen, inneren Dialogen usw. vollständig befreit, kann er zur höchsten Weisheit gelangen.

Meditation: »Technik der Nicht-Technik«

Weisheit kannst du auf zweierlei Weise erlangen: entweder durch ein langes Leben, durch Leiden, viele Krisen und Lebenserfahrung (sofern du die richtigen Schlüsse ziehst), oder durch einen spirituellen Weg und insbesondere durch die Meditation. Allerdings ist Meditation keine Freizeitbeschäftigung, sondern eine Disziplin. In tiefer Meditation versunken zu sein und alles loszulassen, was uns üblicherweise den letzten Nerv raubt, ist eine wunderschöne, tiefgreifende Erfahrung. Damit sie sich einstellen und auch den Alltag verwandeln kann, ist es jedoch nötig, sich schlicht und ergreifend »auf den Hintern zu setzen«. Und zwar nicht nur, wenn man gerade mal Lust dazu hat, sondern Tag für Tag (oder sagen wir zumindest fünfmal in der Woche). Damit die Affen in unserem Geist, also unsere herumspringenden Gedanken, sich austoben und schließlich zur Ruhe kommen können, brauchen sie einfach genügend Zeit. 15 Minuten täglich solltest du da schon mindestens investieren.

Du hast in diesem Buch bereits einige Meditationsmethoden kennengelernt. In der Samatha-Meditation liegt die Konzentration auf dem Atem. In der Vipassana-Meditation versuchst du, deine Achtsamkeit zu entwickeln, indem du sie auf verschiedene Bereiche deines Erlebens, wie etwa den Körper oder die Gedanken lenkst. In der Herz-

und der Metta-Meditation entwickelst du gezielt dein Mitgefühl. Doch die folgende Meditation ist anders. Sie gehört zu den fortgeschrittenen »Methoden« und ist nicht jedermanns Sache. Andererseits gibt es viele Übende, die diese Art der Meditation lieben und sie sehr effektiv finden.

Anleitungen zur »Technik ohne Technik« findet man im Zen, im Daoismus und im tibetischen Buddhismus, aber auch beim spätmittelalterlichen Mystiker Meister Eckhart, der eine sehr bündige Anweisung gibt:

»Richte dein Augenmerk auf dich selbst,
und wo immer du dich findest,
da lasse ab von dir.
Das ist das Allerbeste.«

Meister Eckhart, Rede der Unterweisungen

In buddhistischen Worten ist es praktisch das Gleiche: Sei stets achtsam und hafte nicht an deinem Selbst.

Die Meditation des »offenen Gewahrseins«, wie sie auch genannt wird, lässt sich nicht wirklich beschreiben. Du sitzt einfach nur, ohne etwas zu tun, zu wollen oder zu erwarten. Du spürst die Stille im Körper, die Ruhe im Atem – lenkst deine Aufmerksamkeit jedoch nicht darauf, sondern lässt alle Inhalte deines Bewusstseins los. Du sitzt vollkommen frei von Anstrengung. Zwei Punkte solltest du dabei beachten:

1. Was immer gerade geschieht, lass es einfach geschehen.
2. Immer wenn du eine Absicht bemerkst, deine Achtsamkeit zu lenken oder deine Wahrnehmung zu kontrollieren, lass diese Absicht los.

Wenn also eine spontane Wahrnehmung auftritt (ein Gedanke an die Zukunft, ein Kribbeln in den Füßen ...), dann lass jegliche Absicht los, dich näher damit zu befassen. Lass die Erfahrung einfach kommen und gehen.

Tue nichts. Sitze einfach nur in bewusster Aufmerksamkeit. 15 Minuten lang. Das ist alles.

Der Alte, der die Zukunft nicht kannte

(aus China)

Einst lebte in Bohaizhen, nahe der Großen Mauer, ein armer Bauer, der besaß nur einen kleinen Acker und ein Pferd. Eines Tages lief das Pferd davon, in die Berge, und kam nicht mehr zurück. Die Nachbarn des Bauern sagten: »Welch ein Unglück – das einzige Pferd!« Sie bemitleideten den Armen und versuchten, ihn zu trösten.

Doch der Bauer lächelte und sagte nur: »Wer weiß schon, was der Himmel will?«

Die Nachbarn flüsterten: »Der Arme weiß gar nicht, was das für ihn bedeutet. Vielleicht ist er einfältig.«

Einige Monate später kam das Pferd mit einem Fohlen und einem Gefährten zurück. Nun hatte der Bauer mit einem Mal drei Pferde statt nur des einen. Die Nachbarn des Bauern freuten sich: »Welch ein großes Glück! Der Himmel meint es gut mit dir!«

Doch der Bauer sagte nur: »Wer weiß schon, was der Himmel will?«

Die Nachbarn wunderten sich sehr und flüsterten: »Der Einfältige weiß gar nicht, was für ein Glück er hat. Welche Verschwendung!«

Jetzt hatte der Bauer also drei Pferde. Das Fohlen wuchs schnell heran, und es wurde Zeit, dass es zugeritten wurde. Der Sohn des Bauern war ein guter Reiter, doch als das junge Pferd bockte, fiel er und brach sich ein Bein. Der Bruch wuchs ein wenig schief zusammen, sodass der Sohn fortan hinkte. Die Nachbarn des Bauern bemitleideten ihn: »Du

Armer! Welch ein Unglück, dein einziger Sohn ist nun ein Krüppel und kann dir nicht mehr auf dem Feld helfen!«

Doch der Bauer sagte nur: »Wer weiß schon, was der Himmel will?«

Die Nachbarn schüttelten die Köpfe und sprachen unter sich: »In seiner Einfalt begreift er wohl nicht, welch schlimmes Los ihn getroffen hat!«

Kurz darauf kamen die Soldaten des Kaisers in das Dorf. Ein Krieg stand bevor und alle jungen Männer des Dorfes wurden gemustert und mussten in den Krieg ziehen. Der Sohn des Bauern jedoch war wegen seines Beines nicht für den Krieg tauglich und durfte bleiben. Die Nachbarn, deren Söhne mit den Soldaten ziehen mussten, beneideten den Bauern. »Welch ein Glück! Dein Sohn kann bei dir bleiben und du musst dich nicht sorgen, dass er im Krieg umkommt!«

Doch der Bauer lächelte und sagte nur: »Wer weiß schon, was der Himmel will?«

Glück und Unglück wenden sich, und das Rad des Schicksals steht nicht still. Weise ist es, sich nicht an die Wechselfälle des Schicksals zu haften und ein ruhiges Herz zu bewahren.

Gewinn, Verlust und andere Illusionen

Wenn wir im Lotto gewinnen, ein tolles Jobangebot bekommen oder das neue Auto endlich geliefert wurde und vor unserer Haustür steht, sind wir vor Freude und Begeisterung oft ganz aus dem Häuschen. Wenn sich unser Lottogewinn angesichts einer unüberlegten Geldanlage allerdings wieder in Luft auflöst, wir ein Kündigungsschreiben im Briefkasten finden oder das neue Auto beim Einparken einen dicken Kratzer abbekommt, sind wir am Boden zerstört. Dann schmeckt uns unser Essen gleich nicht mehr und wir bekommen Schlafstörungen und/oder Depressionen.

So gerne wir uns freuen, so sehr hassen wir es doch auch, deprimiert oder verzweifelt zu sein. Das ist naheliegend und vollkommen normal. Das Dumme ist nur, dass wir uns die Rosinen nicht aus dem Kuchen picken können. Und dabei wäre so ein Kuchen ja noch ganz okay. In Wahrheit ist es aber leider so, dass wir keinen Erfolg erleben können, ohne auch mit Misserfolg konfrontiert zu sein. Wunderbare Urlaubstage sind nur deshalb möglich, weil es auf der anderen Seite eben auch anstrengende Arbeitstage gibt. Das Leben ist ein Wechselspiel aus erfreulichen und unerfreulichen Erfahrungen.

Was aber ist mit diesem Bauern los? Der Bauer aus der Geschichte reagiert ganz anders als die meisten Menschen: Geschieht etwas Gutes, scheint er sich nicht so recht darüber zu freuen; aus dem Häuschen ist er zumindest nicht. Andererseits scheint er sich auch nicht im Mindesten darüber aufzuregen, wenn die Dinge schieflaufen; jedenfalls verfällt er nicht in Depressionen. Woran liegt das?

Ganz einfach: Der Bauer hat das Geheimnis der Gelassenheit entdeckt. Er weiß, dass es im Leben manchmal aufwärts, manchmal aber auch abwärts geht und hat offenbar keine Lust, sich deshalb von der Berg-und-Talfahrt wechselnder Gefühle hin und her werfen zu lassen.

Wie wäre das wohl, wenn »schlechte Nachrichten« dir von heute an nicht mehr viel ausmachen würden? Wäre es nicht sehr erleichternd, wenn die Launen der äußeren Umstände bei dir auf Granit bissen? Ist Gelassenheit nicht letztendlich das Einzige, worum es geht?

Aber wie ist das dann mit den »guten Nachrichten«? In Anbetracht erfreulicher Umstände nicht in Jubel auszubrechen, wäre das nicht traurig und auch ein wenig langweilig?

Auf den ersten Blick sieht es vielleicht so aus. Doch gelassen zu sein heißt ganz und gar nicht, gefühl- und leblos zu sein – ganz im Gegenteil. Ich glaube, dass der Bauer aus der Geschichte ein recht zufriedener und ausgeglichener Mensch ist. Er wirkt heiter und entspannt auf mich. Er vertraut darauf, dass der Himmel schon wissen wird, was das Beste für ihn ist, und er hat das, was Psychologen und Psychoanalytiker »Urvertrauen« nennen. »Gewinn und Verlust« bringen ihn nicht aus der Ruhe.

Die Bhagavadgita, eine der wichtigsten religiösen Schriften der Hindus, verrät im sechsten Gesang, woran man einen Weisen erkennt: Sein Gemüt bleibt bei Hitze oder Kälte, Vergnügen oder Schmerz, Ehre oder Schande stets ausgeglichen. Er gibt die Harmonie von Körper und Seele auch durch schwierige Umstände nicht auf, was zu immerwährender Heiterkeit und Freude führt.

Dass man seine Lebendigkeit und Freude durch Gelassenheit verlieren würde, ist also vollkommener Unsinn. Vielmehr trägt die »göttliche Freude« ihren Lohn bereits in sich selbst, während die normale Freude von Äußerlichkeiten abhängig ist, die noch dazu unverlässlich ist. Wer auf den Lottogewinn wartet, um sich mal so richtig freuen zu können, kann lange warten. Die Wahrscheinlichkeit, einen Sechser im Lotto zu haben, liegt nämlich bei etwa 1:15 Millionen. Das ist etwa so, als würde das Los mit dem Hauptgewinn irgendwo in irgendeiner deutschen Großstadt liegen und gerade du würdest es zufällig finden.

Im Zustand der Freude kannst du aber auch dann sein, wenn du nicht im Lotto gewinnst und die Ereignisse deines Lebens momentan wenig erfreulich sind. Der Zustand der Freude ist nämlich unabhängig von Gewinn und Verlust. Er stellt sich ganz von selbst ein,

- wenn du erkannt hast, was das Wesentliche für dich ist und deine Entscheidungen mit deinen Werten in Einklang stehen;

- wenn du gelernt hast, das was ist, zu akzeptieren und frei von Stress und Anspannungen bist;
- wenn du deine Herzensziele kennst und sie auch verfolgst;
- wenn du jedem Augenblick deines Lebens achtsam und gelassen begegnest;
- wenn du Möglichkeiten entdeckt hast, den weißen Wolf in dir zu füttern und deinem Herzen zu folgen.

Einmal abgesehen davon, dass es sicher eine gute Idee ist, sich von äußeren Umständen nicht aus der Ruhe bringen zu lassen, verrät uns die Geschichte noch etwas: Wir wissen gar nicht wirklich, was das Beste für uns und die Menschen um uns herum ist. Aus dem Grund habe ich »schlechte« und »gute« Nachrichten weiter oben in Gänsefüßchen gesetzt – vielleicht ist es dir aufgefallen. Was heute wie ein Unglück aussieht, kann sich schon morgen als wahrer Segen entpuppen. Und so manches, was die meisten von uns in Euphorie versetzen würde, kann schon wenig später großes Leiden bewirken.

Was immer dir passiert und wie auch immer die Erfahrungen sind, die du gerade machst: Lass einfach offen, ob es »gut« oder »schlecht« ist. Mach es wie der Bauer, der in Anbetracht neuer Ereignisse erst einmal sagt: »Wer weiß schon, was der Himmel will?«

Ist es Gewinn oder Verlust? Wer weiß! Am besten wartest du ein wenig ab, und wenn die Umstände widrig sind, kannst du dir auch sagen: »Mal sehen, wozu das vielleicht noch gut sein wird.« Und wer wie wir lange genug in Bayern gelebt hat, dem fällt dazu gleich noch die bayrische Devise ein, die auch ganz im Sinne des chinesischen Bauern sein dürfte:

»Schau'n mer mal, dann seh'n mer scho.«

Der Wunsch

(aus Arabien)

Es war einmal ein Kamelhirte, der es trotz seines Fleißes zu nichts in seinem Leben brachte. Da begegnete ihm eines Nachts im Traum ein Djinn, der ihm Hilfe versprach, wenn er nur mutig genug sei.

Der arme Kamelhirte besann sich nicht lange und ließ sich vom Djinn über die Berge tragen, bis zu dem Zauberberg, in dem dieser lebte. Der Djinn führte den Kamelhirten bis vor ein großes Tor und sprach: »Tritt ein und wähle!«

Voller Erwartung betrat er den Bergpalast. In der ersten Kammer zeigte ihm der Djinn das unbesiegbare Schwert. »Wählst du dieses Schwert, wirst du ein großer Krieger werden, der jeden Kampf gewinnt, und man wird deinen Namen noch in hundert Jahren nennen. Nimm das Schwert – oder gehe weiter in die nächste Kammer.«

Der Kamelhirte zögerte. Dieses ruhmbringende Schwert wäre nicht schlecht; doch vielleicht käme noch etwas Besseres. Und so betrat er den nächsten Raum.

Die zweite Kammer barg das Buch der Weisheit. »Wählst du dieses Buch, werden dir alle Geheimnisse des Himmels und der Erde offenbar, und du wirst als einer der großen Weisen noch in tausend Jahren berühmt sein. Nimm das Buch oder gehe weiter in die nächste Kammer.«

Der Kamelhirte dachte: »Weisheit ist wohl wertvoller als das Kriegsglück. Doch vielleicht kommt noch etwas Besseres.« Und so betrat er den nächsten Raum.

In der dritten Kammer stand ein kleines Kästchen. Das war das glückbringende Kleinod. »Wählst du das glückbringende Kleinod, wirst du dein Lebtag glücklich und zufrieden sein. Deines Namens wird man sich nicht erinnern, doch du wirst Freude in die Herzen der Menschen bringen, indem du selbst die Freude in dir trägst. Nimm das Kästchen – oder tritt durch die nächste Tür.«

Der Kamelhirte dachte: »Dieses Kästchen ist sicher wunderbar. Doch vielleicht kommt noch etwas Besseres.« Und er schritt durch die Tür. In diesem Augenblick aber fand er sich in seiner ärmlichen Hütte wieder. Djinn und Berg und Schatzkammern waren verschwunden und der Kamelhirte blieb ein armer Kamelhirte.

So geht es den Menschen, die nicht wissen, was sie wollen: Auch die größten Schätze sind ihnen nicht genug, und so stehen sie am Ende ohne jeden Schatz dort, wo sie nun einmal stehen.

Fisch oder Fleisch?

Wer die Wahl hat, hat die Qual. Das ist ein guter Grund, sich schnell zu entscheiden, denn warum sollten wir länger als unbedingt nötig in einem unangenehmen Zustand verharren? Und unangenehm ist es auf jeden Fall, unentschieden zu sein. Solange du dich nicht für »A« oder »B« entschieden hast, kannst du dich nicht entspannen – du hängst sozusagen im Spannungsfeld zwischen »A« und »B« fest.

Entscheidungen zu treffen fällt manchmal sehr schwer. Und manchen fällt es sogar immer schwer, sich zu entscheiden, auch wenn es um an sich einfache Entscheidungen geht. Psychologen haben gemessen, dass wir täglich so um die 20 000 Entscheidungen treffen – die meisten davon blitzschnell und intuitiv, denn darüber, ob jemand beim Frühstück Honig oder Ziegenkäse auf seinen Toast schmieren soll, muss wohl niemand länger nachdenken. Doch in anderen Dingen ist es oft deutlich schwieriger, die Frage zu beantworten, was denn nun wohl das Richtige für uns ist. Entweder … oder? Fisch oder Fleisch? Solange die Würfel nicht gefallen sind, sind wir hin- und hergerissen.

Immer diese Entscheidungen: Entweder »entweder … oder« oder »und« oder »oder« oder »weder noch«.

Gäbe es Weltmeisterschaften in Unentschiedenheit, wäre eine gute Freundin von mir Anwärterin auf die Goldmedaille. Die Ärmste: Da sie drei Kinder hat, muss sie ständig nicht nur für sich selbst, sondern gleich für die ganze Familie Entscheidungen treffen: Impfen oder nicht? Homöopathie oder Antibiotika? Süßes zum Nachtisch oder striktes Zuckerverbot? Sandalen oder besser Flipflops für den Sommer?

Und auch wenn es um Entscheidungen geht, die sie selbst betreffen, ist sie ständig verunsichert. Im Augenblick überlegt sie beispielsweise, ob sie ihren Bürojob hinschmeißen und eine Ausbildung als Ernährungsberaterin beginnen soll oder lieber nicht. Genau genommen überlegt sie das allerdings nicht nur im Augenblick, sondern schon seit über vier Jahren. Vier Jahre im Schwebezustand zwischen Ja und Nein – stell dir das nur einmal vor!

Warum ist es nur so schwer, sich zu entscheiden? Zum einen liegt das an der Angst, die falsche Abzweigung zu nehmen. Wenn du leicht zu verunsichern bist, fehlt dir der Mut, auch mal im Graben zu landen. Und falls du Perfektionist bist, wird das Ganze noch komplizierter: Überhöhte Leistungsansprüche können leicht dazu führen, dass man irgendwann wie gelähmt auf dem Sofa sitzt und zu gar keiner Entscheidung mehr fähig ist.

Ein weiteres Problem ist das ständige Überangebot. Bei uns um die Ecke gibt es einen dieser Mega-Supermärkte, in die man ohne Kompass und »Wo-ist-welches-Regal«-Führer gar nicht erst reingehen sollte. Manchmal stehe ich vor den Brotaufstrichen – ratlos wie auf einem fremden Planeten. Selbst wenn ich genau weiß, dass es Erdbeermarmelade sein soll, gibt es immer noch mindestens acht verschiedene Sorten. Nach Duschgels schaue ich lieber gar nicht erst. Ist es wirklich nötig, dass wir für den Einkauf einer Handvoll Lebensmittel den halben Nachmittag verschwenden, nur weil wir uns im Konsumdschungel nicht mehr zurechtfinden? Oder dass wir zuerst ein paar Abende lang im Internet nach Testberichten recherchieren müssen, bevor wir uns guten Gewissens eine von fünfzig angebotenen elektrischen Zahnbürsten kaufen können? (Ich hab mir diese Zahl übrigens nicht ausgedacht, sondern den Suchbegriff »elektrische Zahnbürste« mal bei einem großen Online-Händler eingegeben. Fünfzig sind es mindestens!)

Beim Kameltreiber aus der Geschichte geht es nicht um eine Marmelade oder eine neue Zahnbürste, sondern darum, sich überhaupt zu entscheiden. Dem armen Kamelhirten gelingt das nicht, obwohl er drei großartige Chancen geboten bekommt: Ruhm, Weisheit, Glück. Statt sich jedoch für eine davon zu entscheiden, zögert er so lange, bis alle Chancen sich im wahrsten Sinne des Wortes mitsamt dem Djinn in Luft aufgelöst haben.

Und genau das Gleiche kann dir leider auch leicht passieren. Denn selbst wenn du nicht entscheidest, entscheidest du. Du entscheidest dich dafür, nicht zu handeln. Und dann fährt der Zug eben ohne dich ab. Oder die anderen entscheiden für und über dich, was auch nicht angenehmer ist. Daher ist es immer noch besser, unvollkommene Entscheidungen zu treffen, als ständig nach vollkommenen Entscheidungen zu suchen, die es sowieso nie geben wird.

Entscheidungshilfen für Unentschlossene

Unentschlossenheit ist eine Form von Grübeln. Wenn du ewig nachdenkst und Pro und Kontra gegeneinander abwägst, hat dein Kopf viel zu tun. Doch leider führt das nicht zu Seelenruhe, sondern nur in die Verzweiflung. Es ist ein Irrtum zu glauben, dass wir bessere Entscheidungen treffen, wenn wir viel Zeit zum Nachdenken haben. Untersuchungen mit Profi-Golfspielern haben beispielsweise gezeigt, dass sie immer dann am besten spielen, wenn sie keine Zeit haben, über ihren Schlag nachzudenken. Andere Studien zeigen, dass Entscheidungen, die aus dem Bauch getroffen werden, auch langfristig gesehen meist die besten sind.

Die folgenden vier Punkte helfen dir, schneller und besser zu entscheiden:

1. *Herz statt Kopf:* Oft wollen wir »vernünftig« entscheiden. Das Dumme ist nur, dass wir so viele Informationen sammeln können, wie wir wollen – was die Zukunft bringt, weiß unser Kopf trotzdem nicht. Unsere Intuition ist da wesentlich verlässlicher. Statistiken helfen nur in Einzelfällen weiter. Wenn du aber nach einer Entscheidung ein gutes Gefühl hast, zeigt das, dass du genau auf dem richtigen Weg bist.
2. *Erträume dir zwei Wirklichkeiten:* Stelle dir vor, wie deine Zukunft aussieht, wenn du dich für »A« entscheidest. Und mache das Gleiche dann noch einmal für Entscheidung »B«. Versuche dir möglichst detailliert auszumalen, wie sich deine Entscheidung auf dein Leben auswirkt. Sieh dich selbst in der Zukunft und stell dir die Szene genau vor: Wie wirst du sein, wie wirst du dich fühlen, wenn du diese oder die andere Entscheidung getroffen hast? Visualisiere die beiden Varianten deiner Zukunft.
3. *»Just do it« – »Tu es einfach«*. Oder besser gesagt: *»Tu einfach irgendwas!«* Es geht nicht (oder nur in sehr seltenen Fällen) um Leben und

Tod. Letztlich ist es gar nicht so wichtig, was du tust. Jeder Job ist der richtige, wenn du achtsam und entspannt bist. Das Gleiche gilt für Partner, Kissenbezüge oder Urlaubsziele. Es ist besser, entspannt und heiter am heimischen Baggersee zu liegen, als schlecht gelaunt an einem weißen Karibikstrand. Es ist gesünder, Busfahrer zu sein und ein Liedchen zu pfeifen, als Topmanager kurz vor dem Burn-out zu sein. Nicht »was« du tust, entscheidet, sondern »wie« du tust, was du tust.

4. *Dein Weg, deine Freiheit!* Es ist dein Weg, den du gehst, und nur du alleine entscheidest, welche Abzweigung du nimmst. Manchmal zeigt sich im Nachhinein, dass die Entscheidung gut war, und manchmal war sie vielleicht auch schlecht. Macht nichts. Das ist kein Grund, jede Entscheidung nach kurzer Zeit wieder infrage zu stellen (»Vielleicht wäre rot doch besser gewesen ...«). Gehe mitfühlend mit dir um. Auch eine falsche Entscheidung ist letztlich eine gute Entscheidung. Sie bringt dich weiter und erweitert deinen Horizont, und das ist allemal besser, als sich vom Leben lähmen zu lassen.

Wenn du dich mal wieder nicht entscheiden kannst, versuch's mal mit diesem Trick: Wirf eine Münze. Natürlich sollst du dich nicht sklavisch an das Zufallsurteil klammern, sondern deine Reaktion beobachten: Sagt deine innere Stimme »Na gut, das geht schon in Ordnung ...«, dann ist das meist die richtige Entscheidung. Sagt sie aber: »Hm, ich weiß nicht recht, sollte ich nicht doch lieber ...«, dann geh davon aus, dass dem Münzurteil zu folgen die falsche Entscheidung wäre. Dein Unterbewusstsein weiß nämlich meist recht gut, was richtig und was falsch ist. Und mit diesem kleinen Trick bringst du es dazu, es dir auch zu verraten.

Der besonnene Handwerker

(aus China)

In China lebte einst ein Mönch, dessen besondere Fähigkeit darin lag, meisterhafte Möbel herzustellen. Davon hörte auch der Obereunuch des Kaisers, der für die Ausstattung der kaiserlichen Gemächer verantwortlich war. Er ließ den Mönch zu sich rufen und gebot ihm, einen Schrank für das Schlafzimmer der ersten Dame im kaiserlichen Palast herzustellen.

Der Mönch nickte und es wurde ihm ein Raum zugewiesen; alles, was er benötigte, würde ihm zur Verfügung gestellt werden.

Die kaiserlichen Aufseher beobachteten den Mönch und wunderten sich, denn fünf Tage lang saß er nur mit geschlossenen Augen in der Kammer und tat nichts. Er berührte weder die Werkzeuge noch das Holz. Die Aufseher berichteten es dem Obereunuchen, der immer unruhiger wurde. Als fünf Tage verstrichen waren, beschloss der Obereunuch, den Mönch zur Rede zu stellen – und fand ihn bei der Arbeit. Ohne ihn zu stören, ging er wieder.

Nach nur drei Tagen war der Schrank fertig. Und es war ein vollendeter, vollkommener Schrank, wie ihn noch niemand gesehen hatte.

Als der Kaiser den Schrank sah und von seinem Eunuchen hörte, dass er in nur drei Tagen fertiggestellt worden war, dass der Handwerksmeister in den fünf Tagen zuvor jedoch nichts getan hatte, war er begeistert, aber auch neugierig, und er ließ den Mönch zu sich kommen.

»Was hast du in den ersten fünf Tagen gemacht?«, fragte ihn der Kaiser.

Der Mönch verneigte sich und antwortete: »Oh kaiserliche Hoheit, es war so:

Den ersten Tag verbrachte ich damit, jeden furchtsamen Gedanken an Versagen und Bestrafung, falls meine Arbeit Euch nicht gefiele, loszulassen.

Den zweiten Tag verbrachte ich damit, jeden Gedanken an meine Unzulänglichkeit und Unwürdigkeit und jeden Glauben, dass es mir an der nötigen Kunstfertigkeit fehlen würde, loszulassen.

Den dritten Tag verbrachte ich damit, alle Hoffnung und alles Begehren nach Ruhm und Ehre und Belohnung, wenn es mir gelänge, einen Schrank zu fertigen, der Euer Gefallen fände und Eurer würdig sei, loszulassen.

Den vierten Tag verbrachte ich damit, den Stolz, der in mir erwachsen könnte, wenn ich das Lob Eurer Hoheit empfangen würde, loszulassen.

Den fünften Tag verbrachte ich damit, in meinem Geist eine klare Vorstellung von dem, was ich anfertigen würde, zu bilden und den Schrank vor meinem inneren Auge eingehend zu betrachten, in der Gewissheit, dass sogar der göttliche Kaiser ihn sich genauso wünschte, wie er nun vor Euch steht.«

Arbeit als Weg

Arbeit ist ein weites Feld und bietet unendliche viele Gelegenheiten, Wölfe in uns zu füttern – sowohl schwarze als auch weiße. Es heißt ja immer, dass Arbeit das halbe Leben sei, doch genau genommen verbringen wir noch viel mehr Zeit damit, zu arbeiten.

Und das gilt nicht etwa nur für Workaholics. Arbeit ist nämlich mehr als das, was wir an unserem sogenannten Arbeitsplatz machen. Auch Hausarbeit ist Arbeit. Gartenarbeit ebenso. Dass die Erziehung von Kindern einen Haufen Arbeit macht, wissen alle, die Kinder haben, nur zu gut. Manche Menschen sprechen sogar von »Beziehungsarbeit« und andere davon, dass sie »an sich selbst arbeiten« – und da man beides in der Tat nicht zu den Vergnügungen zählen kann, sind sie eben auch eine Form von Arbeit.

Den Begriff »Work-Life-Balance« mag ich nicht besonders. Er suggeriert, dass es da um zwei voneinander getrennte Bereiche ginge. Doch während wir arbeiten, leben wir zweifellos auch, und solange wir leben, sind wir meist auch in irgendeiner Weise damit beschäftigt, zu arbeiten. Beide Bereiche gehen ineinander über.

Der Mönch aus der Geschichte ist Handwerker. Er baut Schränke, und das ist vermutlich etwas, womit die wenigsten von uns ihr Geld verdienen. Dennoch können wir von diesem Mönch vieles lernen. Vor allem sehen wir, wie wichtig es ist, sein Inneres in Harmonie zu bringen, bevor wir uns auf äußere Aufgaben einlassen.

Falls du jetzt denkst, dass Arbeit Stress und dass dein Job dein Feind ist, kann ich dich beruhigen: Du hast es hier lediglich mit einem – wenn auch weitverbreiteten – Glaubenssatz zu tun. Um zu lieben, was du tust, musst du nicht erst nach deinem Traumberuf suchen. Wohlgemerkt: Du kannst das natürlich tun, aber du musst es nicht, um glücklich zu sein. Viel wichtiger ist es, die Opferperspektive loszulassen und in dir selbst »an ein paar Schrauben zu drehen«.

In der Geschichte lernen wir einige schwarze Wölfe kennen, die dafür verantwortlich sind, dass Arbeit mühsam und kräftezehrend wird, obwohl sie das überhaupt nicht sein müsste. Der Mönch nimmt nicht gleich die Säge zur Hand, sondern er setzt sich jeweils einen Tag lang hin, um einige dieser Wölfe zu eliminieren:

- **Angst:** *Den ersten Tag verbrachte ich damit, jeden furchtsamen Gedanken an Versagen und Bestrafung loszulassen.* Mache dir bewusst, dass die Angst etwas ist, was du hinzufügst. Natürlich kann es passieren, dass du Fehler machst, dass dein Chef sauer sein wird, dass du einen Auftrag verlierst. Aber das alles ist menschlich, und Angst zu haben erhöht nur die Wahrscheinlichkeit, Fehler zu machen. Mit »In Ängsten findet manches statt, was sonst nicht stattgefunden hat«, brachte Wilhelm Busch in der Bildergeschichte *Nächtliche Politik* in seiner unnachahmlichen Art auf den Punkt, dass Angst und Sorge vor allem Produkte deiner Fantasie sind – und genau deshalb liegt es auch bei dir, sie loszulassen.
- **Selbstzweifel:** *Den zweiten Tag verbrachte ich damit, jeden Gedanken an meine Unzulänglichkeit und Unwürdigkeit loszulassen.* Als Selbstzweifel gilt im Grunde auch alles, was über die Angst gesagt wurde. Sich selbst ständig infrage zu stellen, ist eine Form von Grübelei. Denke nicht zu viel nach – tu einfach deinen Job. Selbstzweifel entstehen, wenn du dich zu wenig auf das Tun und zu viel auf dich selbst konzentrierst.
- **Geltungsdrang:** *Den dritten Tag verbrachte ich damit, alle Hoffnung und alles Begehren nach Ruhm, Ehre und Belohnung loszulassen.* Immer dann, wenn wir uns zu viele Gedanken um unser Ego machen und zu wenig Energie in das »Tun-als-solches« stecken, kann Arbeit eine Menge Stress erzeugen. Der Stress liegt allerdings nicht in der Arbeit an sich, sondern wird durch unsere Erwartungen genährt. Die Philosophie des Karma-Yoga – Karma Yoga ist der Yoga der Tat oder der Yoga des selbstlosen Handelns – besagt, dass wir auf der Erde sind, um eine bestimmte Pflicht zu erfüllen, die sich aus unserer Lebenssituation ergibt. Dabei steht das Tun im Mittelpunkt. Entscheidend ist die absolute Konzentration auf das Tun. Die »Früchte des Tuns«, also Lob oder Aner-

kennung, sind nebensächlich. Sie stehen unserer geistigen Entwicklung nur im Wege.

- **Stolz:** *Den vierten Tag verbrachte ich damit, den Stolz, der in mir erwachen könnte, loszulassen.* Wieder ein schwarzer Wolf, der nichts mit der Arbeit an sich zu tun hat, sondern in unseren Gedanken und Interpretationen steckt. Weg damit!

Erst am fünften Tag beginnt der Mönch damit, eine klare Vorstellung von dem, was er anfertigen will, zu bilden und den Schrank vor seinem inneren Auge erscheinen zu lassen. Erst jetzt ist der Weg frei, im eigenen Tun Gelassenheit und inneren Frieden zu finden, und in der Folge geht alles ganz schnell. Woran man wieder einmal sieht, dass es weniger Arbeit macht, die Sache zu tun, die zu tun ist, als die Hindernisse aus dem Weg zu räumen, die zwischen uns und unserem Tun stehen. Und woran man außerdem sieht, dass wir dem »Wie« viel mehr Bedeutung beimessen sollten als dem »Was« – und zwar ganz egal, worin unser Job besteht.

Achtsamkeitsexperiment: »Liebe, was du tust«

Eines der bekanntesten Zitate des dänischen Schriftstellers Herman Bang bezieht sich darauf, dass nur die Arbeit, die wir wirklich lieben, uns mit dem Leben versöhnen könne. Wahrscheinlich denkst du jetzt: »Aha, also muss ich nur eine Arbeit finden, bei der ich mich selbst verwirklichen kann.« Möglich. Aber die Wahrheit ist, dass es egal ist, was du arbeitest, du kannst dich selbst (dein Selbst) überall verwirklichen. Na gut, erwähnen wir noch ein paar Ausnahmen, die Buddha nannte, als er über den »rechten Lebenserwerb« sprach: Als Waffenhändler, Zuhälter, Drogendealer oder wohl auch Schlachter zu arbeiten ist keine gute Idee – zumindest dann nicht, wenn es dir um ein Leben geht, in dem du nicht ständig schwarze Wölfe fütterst. Ansonsten aber kannst du so ziemlich alles machen.

Die folgenden fünf Strategien können sehr hilfreich sein, den Weg zum glücklichen Tun ein wenig abzukürzen:

- *Arbeite im Hier und Jetzt:* Versuche dich bei allem, was du tust, voll und ganz auf den gegenwärtigen Moment zu konzentrieren. Wenn Gedanken über die Vergangenheit oder Zukunft auftauchen oder du Wertungen und Widerstände bemerkst, dann nimm sie wahr und lass sie weiterziehen. Je mehr du im Jetzt-Hier arbeitest, desto entspannter kannst du sein und desto gesammelter bist du zugleich.
- *Bleibe offen und neugierig:* Versuche das Staunen über das, was du tust, zu wecken. Erforsche, wie alles miteinander zusammenhängt. Versuche dir möglichst viel Wissen über deine Arbeit, den Betrieb oder die Produkte, mit denen du zu tun hast, anzueignen. Öffne dich für neue Erfahrungen und werde auch in Bereichen kreativ, die vielleicht nicht auf den ersten Blick dazu einladen.
- *Spüre die Verbundenheit:* Fast immer treffen wir bei der Arbeit auf andere Menschen – Kollegen, Chefs, Kunden, Lieferanten ... Versuche, die Menschen, mit denen du zu tun hast, in den Mittelpunkt zu stellen. Du kannst dabei dein Mitgefühl für andere entwickeln oder dich um mehr Verständnis und eine bessere Kommunikation bemühen. Versuche zu erkennen, dass du Teil eines Teams und mitverantwortlich für einen guten Kontakt zwischen den Einzelnen bist. In schwierigen zwischenmenschlichen Situationen ist es oft nötig, auf andere zuzugehen. Auch solltest du nie zu hohe Erwartungen an die anderen stellen.
- *Mach es so gut es geht:* Hier geht es nicht um Perfektion, sondern darum, mit ganzem Herzen zu arbeiten und dein Bestes zu geben. Versagensängste, Sorgen oder Selbstzweifel kosten dich nur viel Energie.

Nur wenn du entspannt und gelassen bleibst, wirst du optimale Ergebnisse erzielen – innen und außen. Du tust, was du kannst – und das reicht vollkommen. Mehr kannst du sowieso nicht tun, aber das schon. Willy Brandt sagte in einem seiner letzten Interviews 1989 mit dem Journalisten Helmut Böger, ausgerechnet für die BamS, dass er sich als Inschrift auf seinem Grabstein nur vier einfache Worte wünsche: »Man hat sich bemüht.« Bezeichnenderweise steht auf seinem Grabstein tatsächlich nur sein Name.

- *Arbeite im Flow:* Es gibt Tätigkeiten, die dazu einladen, »in Fluss zu kommen« und mit seinem Tun eins zu werden. Das geht zwar nicht immer, aber öfter als wir denken. Das Flow-Prinzip wurde von dem Glücksforscher Mihály Csíkszentmihályi vor mehr als vierzig Jahren eingehend untersucht. »Flow« bezeichnet den Zustand, in dem alles rundläuft und du, ganz ohne gestresst zu sein, dein Bestes geben kannst. Musiker, Maler, Schriftsteller, Sportler – in einigen Berufen ist es besonders leicht, in Flow zu kommen und vollkommen mit seinem Tun zu verschmelzen. Flow-Zustände können sowohl geistig (etwa durch die Freude am Forschen, Lernen, Reflektieren oder Lesen) als auch körperlich (zum Beispiel durch den Genuss, sich zu bewegen, zu sehen, zu hören, sich zu spüren) erzeugt werden. Wenn du künstlerisch, kreativ, intellektuell oder handwerklich tätig bist, könnte es für dich besonders lohnend sein, das Geheimnis des Flow zu ergründen.

Und wenn du ein Punk bist und sagst: »Arbeit ist nun mal nicht mein Ding ...«, dann sage ich dir: »Tu, was du gern tust, mit ganzem Herzen, und du wirst nie arbeiten müssen!«

Die Henne und der Adler

(aus Frankreich)

Der Bauer fand ein Ei und legte es zu den Hühnern, damit sie es ausbrüteten. Und schließlich schlüpfte aus dem Ei ein Adlerküken. Doch das Küken wusste nicht, dass es ein Adler war. Es wuchs auf wie die anderen Küken und glaubte, dass es ein Huhn sei.

Als eines Tages ein Adler über den Hof flog, wurde er des kleinen Adlers gewahr und rief hinab: »Komm mit mir! Lass uns über die Berge fliegen und den Wind reiten!«

Als der kleine Adler den König der Lüfte fliegen sah, fürchtete er sich und steckte, wie die anderen Hühner, seinen Kopf unter die Flügel, bis der Adler wieder verschwand.

Wie wichtig ist es doch, sich selbst zu kennen!

Sei kein Huhn!

Die Fabel von der Henne und dem Adler ist ziemlich bekannt; üblicherweise wird sie erzählt, um zu versinnbildlichen, was passiert, wenn wir ein Leben führen, in dem wir unsere Möglichkeiten nicht ausschöpfen. Gerade in Kreisen von Motivations- und Erfolgstrainern ist sie sehr beliebt, und das ist ja auch kein Wunder: Es dürfte in der Tat ganz schön viele Menschen geben, die sich nie zu fliegen trauen, weil sie einfach nicht bemerken, dass sie von Geburt an Adlerflügel haben.

Der weiße Wolf braucht viel Futter, bis uns klar wird, dass wir in Wirklichkeit immer schon Adler waren: vor allem Mut und Ausdauer. Um zu fliegen, müssen wir uns schließlich zunächst einmal trauen, abzuspringen – wir brauchen also Mut. Zweitens braucht es seine Zeit, denn von den ersten mehr oder minder missglückten Flugversuchen bis zum mühelosen Schweben in luftiger Höhe dauert es einfach eine Weile.

Damit du dein Potenzial entfalten kannst, musst du es aber zuallererst einmal entdecken. Und das ist eigentlich der entscheidende Teil der Aufgabe. Dummerweise kannst du dabei nicht auf andere zählen – eher im Gegenteil. Oft sind andere Menschen ja gerade dafür verantwortlich, dass wir uns für Hühner halten, obwohl wir eigentlich Adler sind. Eltern, Verwandte, Erzieher, Lehrer, Nachbarn und all die Menschen, die uns seit unserer Kindheit eingetrichtert haben, dass wir nun einmal Hühner sind und immer Hühner sein werden, haben uns zum Beispiel gesagt,

- dass wir Versager sind und es nicht schaffen werden;
- dass wir froh sein müssen, wenn wir überhaupt einen sicheren Job bekommen, und den dann unbedingt behalten sollten;
- dass andere begabter und intelligenter sind als wir;
- dass das Leben kein Zuckerschlecken ist;
- dass unsere Ziele unrealistisch oder unsinnig sind und wir mal lieber auf dem Boden bleiben sollen, statt »Luftschlösser« zu bauen.

Und noch immer werden wir durch die Ansichten und Meinungen unserer Mitmenschen konditioniert. Im Großen und Ganzen laufen deren Programmierungsversuche darauf hinaus, dass wir »brav«, angepasst und bloß nicht zu »verrückt« sein sollten, da es mit uns sonst ganz schnell den Bach hinuntergeht.

Unsere negativen Glaubenssätze sind Kraftnahrung für den schwarzen Wolf. Sie legen uns innerlich Fesseln an, die uns umso fester einschnüren, je stärker unser schwarzer Wolf ist. So wie ich das sehe, gibt es eigentlich nur eine Möglichkeit, dem Hühnerhof zu entfliehen:

1. Mach dir bewusst, dass das, was du von dir selbst und dem Leben glaubst, letztendlich alles Weitere bestimmt. Wenn du glaubst, dass du ein Opfer der Umstände und ein Gefangener bist, dann wirst du das auch sein. Wenn du glaubst, dass es auch noch viele andere Möglichkeiten für dich gibt, dann werden sich diese auch manifestieren.
2. Um Abstand zu einschränkenden mentalen Mustern zu gewinnen, ist es wichtig, innerlich zur Ruhe zu kommen. Durch Meditation (zum Beispiel die Samatha-Meditation) kannst du dich nach und nach von belastenden Gedanken und Gefühlen befreien und dadurch Klarheit gewinnen. Gib deinem Geist etwas Zeit, sich selbst zu reinigen. Wenn sich der Nebel negativer Glaubenssätze legt, wird dein Weg auf einmal deutlich vor dir liegen.
3. Wage es zu träumen! Lass deiner Fantasie freien Lauf. Wo willst du in fünf Jahren sein? Was hindert dich daran? Welche Fähigkeiten solltest du dir aneignen, damit du deine Flügel ausbreiten und über alle Hindernisse hinwegfliegen kannst?
4. Denke über den folgenden Satz nach: »Werde, der/die du wirklich bist.« (Und bloß keine falsche Bescheidenheit!)

Die Fabel von der Henne und dem Adler taucht fast immer nur in Zusammenhang mit Themen wie Erfolg, Zielfindung und beruflicher Perspektive auf. Einerseits ist das nicht schlecht, denn ein erfolgreiches Leben, das in Einklang mit den eigenen Begabungen und Möglichkeiten steht, ist eine wunderbare Sache. Doch andererseits gibt es noch (mindestens) einen weiteren wichtigen Bereich, in dem es sich lohnen würde, seine Möglichkeiten voll auszuschöpfen. Der Adler kann nämlich auch zum Symbol für die Freiheit unseres Geistes werden.

Solange du dich für ein Huhn hältst, wirst du neidisch auf andere Hühner mit bunteren Federn sein, wütend werden, wenn dir jemand ein Körnchen streitig macht, dir Sorgen machen, ob aus dem Ei, das du ausbrütest, ein einigermaßen annehmbares Küken wird – und natürlich wirst du vor Angst schlottern, wenn der Fuchs nachts um den Hühnerstall schleicht. Und von Adlern wirst du dich fernhalten.

Der Adler symbolisiert hingegen Freiheit und Klarheit. Wer »über den Dingen« fliegt, ist frei von Sorgen, Ängsten, Verzweiflung und Verstrickungen aller Art. Doch auch hier ist der entscheidende Punkt, dass wir das erst mal erkennen müssen. Nur wenn wir entdecken, dass wir große, starke Flügel haben, können wir uns in die Lüfte aufschwingen. Und selbst wenn wir das noch nicht spüren sollten, können wir zumindest einmal probehalber davon ausgehen, dass es so ist, und dann sehen, was passiert.

Sich zu befreien ist eine Spezialität des Buddhismus. »Buddha« heißt ja im Grunde nichts anderes als »der Erwachte«. Und »Erwachte« sind Menschen, die innerlich aufgewacht sind und erkannt haben, dass die Freiheit ihres Geistes grenzenlos ist. Der buddhistische Weg befreit im Laufe der Zeit von Angst, Hass, Wut, Gier, Neid und Mutlosigkeit; nicht umsonst wird er auch »Pfad der Befreiung« genannt. Buddha selbst verglich das mit dem Ozean. So wie dieser nur den Geschmack von Salz habe, so habe seine Lehre nur den Geschmack von Freiheit.

Dass du in Wahrheit ein Adler bist, kannst du allerdings auch erkennen, ohne dich mit Buddhismus zu befassen. Frei zu werden bedeutet nämlich vor allem, loszulassen. Und loslassen kannst du Tag für Tag vieles – deinen Ärger, deine Sorgen, deine überzogenen Erwartungen, deine belastenden Glaubenssätze oder auch die Illusion, dein Leben in einem Hühnerhof fristen zu müssen, die dir dein eigener Geist vorgaukelt.

Die Belehrung

(aus Japan)

Yamamoto Eizo, der später als Zen-Meister Ryokan bekannt wurde, gab sich ganz dem Studium des Zen hin und war in seiner Familie und darüber hinaus hoch angesehen.

Als das Oberhaupt einer der Zweige der Yamamoto-Familie starb, wurde sein Sohn, Ryokans Neffe, sein Nachfolger. Schon bald klagten die Verwandten, dass dieser Neffe sein Geld an Kurtisanen und beim Glücksspiel verschwende. Man ermahnte ihn höflich, doch er hörte auf niemanden, und die Familie sorgte sich, dass er das gesamte Vermögen und den Besitz der Familie in Gefahr bringen würde. So wandten sie sich schließlich an Ryokan und baten ihn darum, dass er den Neffen zur Einsicht bringen möge.

Ryokan willigte ein. Es war zwar eine weite Reise, doch schließlich hatte er seinen Neffen seit Jahren nicht gesehen. Als er bei dem Haus des Neffen angelangt, wurde er denn auch mit allen Ehren empfangen – und der Neffe war sehr erfreut über den Besuch des Onkels. Ryokan sagte, er müsse gleich weiter, doch der Neffe bestand darauf, dass er über Nacht bleibe.

Die ganze Nacht saß Ryokan in schweigender Meditation. Als der Morgen anbrach, erhob er sich und bereitete sich auf die Abreise vor. Zu seinem Neffen sagte er: »Mein Alter macht sich doch bemerkbar. Meine Hände zittern ein wenig und ich kann mich nicht mehr so gut bücken. Bitte hilf mir doch, die Riemen meiner Schuhe zu binden.«

Nur zu gern half ihm sein Neffe.

Ryokan bedankte sich und sprach: »Du siehst, Tag für Tag wird man älter und kraftloser. Bitte gib gut auf dich acht.«

Dann ging Ryokan. Die Familienmitglieder, die Ryokan geschickt hatten, waren enttäuscht: Mit keinem Wort hatte er die Kurtisanen, das Glücksspiel und die Sorgen der Verwandten erwähnt.

Doch seit diesem Morgen hatte das ausschweifende Leben des Neffen ein Ende.

Die verwandelnde Kraft von Aha-Erlebnissen

Oft genügt schon eine einzige Einsicht, um den schwarzen Wolf, der es sich im Herzen bequem gemacht hat und gut genährt wird, auf Dauer abzuspecken. Das können ganz einfache Erkenntnisse sein. Seit ich beispielsweise irgendwann verstanden habe, dass ich wesentlich besser und leichter durch schwierige Situationen komme, wenn ich tief ausatme und innerlich loslasse, als wenn ich die Luft anhalte, die Zähne zusammenbeiße und mich »anstrenge«, ist mein Stresslevel deutlich gesunken. Klar, manchmal muss ich mich natürlich selbst wieder daran erinnern, aber wenn sich ein Aha-Erlebnis auch nur einmal ereignet hat, kann im Grunde nicht mehr viel schiefgehen.

Meine Frau hat neulich auch eine für sie sehr interessante Entdeckung gemacht. Sie hat beobachtet, dass sie sich nach Treffen mit bestimmten Leuten erschöpft und unbefriedigt fühlt und dass sie andere oft nur aus Höflichkeit oder alter Gewohnheit trifft. Wenn die Tage jedoch ohnehin randvoll sind, da Kinder betreut, der Job erledigt und die To-do-Liste abgearbeitet werden muss, dann sollte einem die Zeit, die übrig bleibt, heilig sein. Warum also sollte man sich da noch zusätzlich fruchtlose Verpflichtungen aufhalsen? Warum sollte man sich mit Menschen treffen, mit denen man sich nicht verbunden fühlt? Nur weil sie im Nachbarhaus wohnen oder weil ihre Kinder in dieselbe Klasse gehen wie unsere? Die Erkenntnis, wie befreiend ein »Nein« zur rechten Zeit sein kann, führte bei ihr schnell zu positiven Veränderungen und mehr Leichtigkeit.

Auch das Aha-Erlebnis, das der Zen-Meister Ryokan aus der Geschichte seinem Neffen beschert, hat weitreichende, positive Folgen. Dabei ist die Botschaft eigentlich sehr einfach: Wir leben nicht ewig! Unsere Zeit ist begrenzt. Wir werden älter und unsere Kräfte werden mit der Zeit schwinden.

Wer in der Blüte seines Lebens steht, übersieht das leicht. Erst recht in einer Gesellschaft, in der alle davon träumen, ewig jung, fit und wenn irgend möglich gar unsterblich zu sein. Doch wer sich einmal etwas genauer umsieht, erkennt schnell, wie der Hase läuft. Erst hoppelt er lustig als Häschen umher und staunt mit großen Augen über die Wunder der Welt. Später gründet er eine Hasenfamilie und macht ganz viele kleine Häschen. Und irgendwann, wenn er alt genug geworden ist und ihn nicht schon der Fuchs gefressen hat, ist es mit dem Gehoppel vorbei. Leider kommt auch für uns die Zeit, da wir keine großen Sprünge mehr machen werden.

Siddhartha Gautama, der später als »Buddha« lehrte, stand in der Blüte seines Lebens, als er erstmals mit den Schattenseiten des Daseins konfrontiert wurde – mit Krankheit, Alter und Tod. Sein dringender Wunsch, das Leiden zu überwinden, führte ihn über viele Umwege schließlich zur Entdeckung des mittleren Weges und er begründete ein systematisches Übungssystem, das zur vollkommenen Befreiung vom Leiden führt.

Ganz so weit hat es der Neffe des Zen-Meisters nicht gebracht.

Aber auch er erkannte die Begrenztheit unserer Lebenszeit und wie dem Buddha wurde auch ihm diese Begrenztheit zum Lehrmeister. »Schluss mit Glücksspiel und Kurtisanen« – das war eine seiner Konsequenzen.

Und wie ist das mit uns? Wenn uns wirklich bewusst wäre, dass wir nicht ewig leben, wäre es doch eigentlich wahrscheinlich, dass wir einige Dinge in Zukunft sein ließen, während wir andere vielleicht endlich in Angriff nähmen. Es ist eine Tatsache, dass wir selbst ebenso wie alle unsere Freunde und Familienangehörigen sterben werden. Doch die Angst vor dem Tod ist natürlich auch keine vernünftige Antwort auf die Tatsache, dass wir in einem vergänglichen Körper stecken. Statt über unseren Tod nachzugrübeln, sollten wir lieber über unser weiteres Leben nachdenken.

»Es ist nicht wenig Zeit, die wir haben, sondern es ist viel Zeit, die wir verschwenden«, fasste der römische Philosoph Lucius Annaeus Seneca in seiner Schrift *Von der Kürze des Lebens* trefflich zusammen. In Anbetracht der relativen Kürze unseres Daseins sollten wir uns besser nicht so verhalten, als wären wir unsterblich. Wir haben einfach nicht unendlich viele Möglichkeiten, uns auf das Wesentliche in unserem Leben zu besinnen. Während wir unser Dasein recht leicht verkürzen können, können wir es leider kaum verlängern. Und so bleibt nur eine Möglichkeit: intensiver zu leben!

Denke gut darüber nach, wofür du deine Zeit aufwenden willst und was dir wichtig ist. Mache dir die Vergänglichkeit zum Lehrer. Dabei hilft eine einfache Achtsamkeitsübung: Sie besteht darin, dass du dir die Endlichkeit aller Dinge regelmäßig vor Augen führst. Und dann stelle dir eine simple Frage: »Würde ich das, was ich hier mache, auch dann noch machen, wenn ich wüsste, dass ich nur noch drei Monate lebe?«

Hand aufs Herz: Würdest du jetzt trotzdem noch weiterlesen?

Wenn nicht, dann leg das Buch schnell weg und mach einen Spaziergang, ruf einen Freund an, male ein Bild oder tue, was immer dein Herz dir sagt ...

Der aufmerksame Prinz

(aus Persien)

Der alte weise König hatte erst spät einen Sohn bekommen. Nun war er alt und würde die Krone bald an den Prinzen weiterreichen. Doch er sorgte sich, dass der Prinz, der im Reichtum und Luxus des Palastes groß geworden war, die Nöte und die Armut des Volkes nicht verstünde, daher kein weiser Herrscher sein würde und es Unruhe im Lande geben würde.

Deshalb nahm er ihn mit auf eine Reise durch das Land. Er reiste mit ihm in den ärmsten Teil des Landes und verbrachte einige Tage mit ihm auf einem kargen Bauernhof eines kleinen Bauern.

Auf dem Weg zurück in den Palast fragte der König seinen Sohn: »Nun, hast du durch diese Reise etwas gelernt?«

»O ja!«, sagte der Prinz. »Es war wirklich sehr lehrreich!«

»Nicht wahr? Du hast gesehen, wie arm manche Menschen sind und dass das Leben nicht immer leicht ist.«

»Ja, Vater, das habe ich gesehen.«

»Und was hast du daraus gelernt?«

»Nun, ich habe einen kleinen Schoßhund – der Bauer hatte drei starke Schäferhunde und drei Katzen. Wir haben ein goldenes Badezimmer – der Bauer hat einen Teich mit Fröschen, Enten und Fischen, in dem man im Sommer schwimmen und auf dem man im Winter eislaufen kann. In unserem Garten haben wir viele bunte Lampen – der

Bauer hat die Sterne. Unser Garten ist groß und wir können die kunstvollen Gartenhecken sehen – doch der Bauer sieht den Horizont.«

Der König war verblüfft, und er wusste nicht, was er darauf sagen sollte.

Der Prinz sah seinen Vater liebevoll an und sprach: »Vater, ich danke dir, dass du mir gezeigt hast, wie arm wir sind.«

Vom Glück der Einfachheit

Reichtum ist relativ. Von außen betrachtet ist ein goldener Käfig ja vielleicht ganz schön anzusehen, aber wenn du drin festsitzt, willst du nur noch raus. In der Bibel heißt es dazu: »Was hülfe es dem Menschen, so er die ganze Welt gewönne und nähme doch Schaden an seiner Seele?« (Mt. 16,26)

Der Junge aus der Geschichte ist nicht dumm. Zweifellos unterscheidet er sich von den meisten Kindern reicher Väter. Statt über die ärmlichen Verhältnisse des Bauern die Nase zu rümpfen und möglichst schnell wieder zu seinem neuen Smartphone und seinem ferngesteuerten Hubschrauber zurückzukehren, erkennt er Dinge, die nur sehr aufmerksame Menschen erkennen können. Er sieht mit den Augen des Herzens. Er entdeckt den Reichtum, der in der Einfachheit liegt, die Schönheit, die frei von allem Überflüssigen ist.

Alles, was wir brauchen, ist längst da. Ja, sogar viel mehr, als wir brauchen. Der Horizont, der Teich, die Sterne, Wolken, Blumen und Bäume … Selbst wenn wir uns nur auf das beschränken würden, was die Natur uns zum Geschenk macht, könnten wir nur einen kleinen Bruchteil der Fülle erfassen, die uns umgibt.

Das Problem ist nicht, dass wir zu wenig haben, sondern dass wir zu wenig von dem, was wir haben, wahrnehmen. Weil wir das, was wir für »normal« halten, nicht zu würdigen wissen, streben wir nach immer mehr. Mehr Informationen, mehr Nachrichten, mehr Computerspiele, eine größere Auswahl an Fernsehserien, Automodellen oder Lippenstiften – und natürlich mehr Geld. Und irgendwann stecken wir dann mitten im Überfluss fest. Je mehr Dinge wir besitzen und je mehr Dinge wir erledigen müssen, desto komplizierter wird unser Dasein. Des Überflusses überdrüssig sehnen viele von uns sich heute nach mehr Klarheit, mehr Ruhe und mehr Einfachheit. Zwei Dinge folgen daraus:

1. *Hör damit auf, nach immer mehr zu streben*
   Sammle deine kostbare Lebensenergie, statt dich in der Konsumwelt zu verlieren. Du brauchst nicht mehr Termine, mehr Freunde, mehr Likes, mehr Anerkennung oder mehr Schmuck – alles ist so, wie es ist, schon ganz wunderbar! Es gibt nur eine Sache, die *wirklich* wichtig ist: Erkenne das, was da ist. Würdige es. Und am einfachsten gelingt das, indem du deine Fähigkeit, dankbar zu sein, entwickelst.

Dankbarkeitstraining

Dankbarkeit ist eine sehr effektive Möglichkeit, zufriedener zu werden und mehr Sinn in seinem Leben zu finden. Achtsamkeit hilft dir, deine Dankbarkeit zu entwickeln – und umgekehrt wirst du von selbst umso achtsamer werden, je öfter du dir bewusst machst, wofür du alles dankbar sein kannst.

Das »Dankbarkeitstraining« ist sehr einfach: Wenn du abends ins Bett gehst, dann denke vor dem Einschlafen an mindestens fünf Dinge, die du heute erlebt hast und für die du dankbar sein kannst. Such jetzt bloß nicht nach außergewöhnlichen Sachen, es geht ja gerade darum, dass du deinen Blick für die Schönheit der einfachen Dinge schärfst. Du kannst zum Beispiel dankbar dafür sein, dass die Sonne geschienen hat, dass dir dein Frühstück geschmeckt hat oder dass du mit einem netten Freund telefonieren konntest. Du kannst für das Rascheln der Blätter in den Bäumen dankbar sein, für den Duft frischer Brötchen vom Bäcker oder für die Menschen, mit denen du dich verbunden fühlst. Suche einfach fünf Dinge, und denke nicht zu lange nach. Mit der Zeit wirst du merken, dass diese Übung dir immer leichter fällt. Dann solltest du dein »Pensum« auf zehn Dinge erhöhen.

2. *Mach dein Leben einfacher*
   Versuche, dir dein Leben zu erleichtern, statt es zu verkomplizieren. Vor allem dann, wenn dir die Dinge über den Kopf wachsen, solltest du darauf achten, keine Entscheidungen zu treffen, die dich noch mehr ins Chaos stürzen. Hier geht es wohlgemerkt nicht um Askese. Bewusst auf Dinge zu verzichten, von denen du erkannt hast, dass es doch nur wertlose Glasperlen oder unnötige Zeitfresser sind, macht dich nicht ärmer, sondern reich – und freier.

Was brauche ich wirklich?

Sobald dir bewusst geworden ist, was du nicht länger festhalten willst, kannst du dich von Überflüssigem befreien. Du kannst dir dazu jetzt einen Notizblock schnappen und ein paar Punkte aufschreiben, oder du gehst die folgenden Fragen einfach nur gedanklich durch:

- Wovon würdest du dich gerne befreien – was belastet dich nur? Versuche, mindestens fünf Dinge zu finden.
- Welche Dinge besitzt du, die dir viel bedeuten, und die du nicht loslassen willst? Versuche, auch davon mindestens fünf zu finden.
- Welche Gegenstände besitzt du, die du nicht mehr brauchst? All deine Kleider, Möbel, Bücher, die Fernsehsender und Apps – brauchst du sie wirklich? Gehe gedanklich (oder tatsächlich) durch deine Wohnung und schaue dir Gegenstände, ob Bücher, Möbel, Geschirr, Kleider oder CDs in Ruhe an: Was davon steht oder liegt hier nur rum? Welche Dinge hattest du bestimmt seit einem Jahr nicht mehr in der Hand? Welche funktionieren nicht mehr? Und welche davon liegen dir wirklich am Herzen?

Lass los, was dich sowieso nur belastet. Befreie dich aus den Zwängen des Überflusses und mache dein Leben einfacher und unkomplizierter – Tag für Tag.

Spuren im Sand

(aus Zimbabwe)

Vater Chamakomu sah, dass seine Söhne zu starken Männern geworden waren und schickte sie hinaus in die Welt, dass sie Zeichen setzen mögen, die ihre Spuren im Sand der Zeit bewahrten.

Der erste Sohn, Chuma, war der Ernsthafte. Er begann sogleich damit, Erdhügel zu bauen, er ritzte seine Zeichen in Bäume und kratzte sie in Felsen.

Der zweite Sohn Gamba war der Abenteuerlustige. Er wurde ein großer Löwenjäger und zeigte seine Trophäen voller Stolz in den Dörfern.

Der dritte Sohn Farai war der Unbeschwerte. Er wanderte durch die Dörfer, sprach mit den Menschen, hörte ihnen zu, erzählte ihnen Geschichten und brachte sie zum Lachen.

Nach drei Jahren kehrten die drei Söhne zu Vater Chamakomu zurück und erzählten von ihren Erlebnissen ...

Chamakomu sprach: »Ihr habt eure Zeichen gesetzt – ob sie aber wirklich eure Spuren im Sand der Zeit bewahren?«

Chuma sprach mit großem Ernst: »Ich habe die Welt mit meinen Händen verändert. Meine Zeichen werden lange währen.«

Gamba sprach hitzig: »Doch mein Ruhm wird länger währen!«

Farai schwieg, lächelte und zuckte mit den Schultern.

Chamakomu nickte und sprach: »Ich werde mich selbst überzeugen.« Und er brach zu einer lange Reise durch das Land auf. Als er nach einem Jahr wieder zurückkehrte, rief er Chuma, Gamba und Farai zu sich.

»Chuma, deine Zeichen findet man an vielen Stellen. Doch der Wind verwehte viele davon. Felsen oder Bäume, in die du sie ritztest, stürzten oder verbrannten. Und doch sind deine Zeichen noch allerorten sichtbar. Wenn ich davon sprach, dass mein Sohn diese Zeichen gemacht hat, nickten die Menschen. Deine Zeichen werden den Menschen lange sichtbar sein.«

Er wandte sich an Gamba. »Deinen Namen hört man noch in vielen Dörfern. Sie berichten von dem großen Löwenbezwinger, der seine Trophäen zeigte. Einige junge Männer haben sich an dir ein Beispiel genommen und wollen große Jäger werden. Wenn ich sagte, dass ich dein Vater sei, fürchteten sich die Menschen ein wenig. Deine Spuren im Sand der Zeit werden dein Leben überdauern.«

Dann wandte er sich an Farai. »Dich, mein Sohn kennt man allerorten. In welchem Dorf ich auch war, die Menschen erinnerten sich an deine Liebe, dein offenes Herz und die Freude, die du ihnen geschenkt hast. Sobald ich sagte, dass ich dein Vater sei, wurde ich besonders freundlich begrüßt und zum Essen eingeladen. Deine Spuren in der Welt werden für immer bestehen bleiben!«

Love is all you need

Ob durch Optimismus, Vertrauen, Dankbarkeit, Heiterkeit oder Gelassenheit – wie du gesehen hast, kann man den weißen Wolf auf sehr unterschiedliche Art und Weise füttern. Doch weißt du, welches das beste Futter von allen ist? Weißt du, welches Futter den weißen Wolf in dir auch in schwierigen Zeiten stark und gesund erhält und ihn vor Angriffen des schwarzen Wolfes schützt? Es ist die Liebe.

Natürlich geht es hier nicht um die romantische, hormongesteuerte Liebe zwischen Mann und Frau, denn von ihr wissen wir nur zu gut, dass sie oft mehr Probleme verursacht als löst. Wenn im Folgenden von »Liebe« die Rede ist, ist damit vielmehr die selbstlose Liebe, die Güte des Herzens gemeint. Vielleicht wäre »Mitgefühl« das bessere Wort. Durch diese Art von Liebe kannst du tatsächlich alles verändern – dich selbst und die Menschen um dich herum. So gesehen stimmt es, was die Beatles gesungen haben: »All you need is love«. Und ohne Liebe ist alles nichts.

Während es unmöglich scheint, allen Menschen gegenüber »Liebe« zu empfinden, ist es schon eher vorstellbar, jedem, den wir treffen, unser Mitgefühl entgegenzubringen. Auch wenn wir die Taten unserer Mitmenschen zuweilen scharf verurteilen müssen, so können wir vielleicht trotzdem erkennen, dass Menschen, die Übles tun, letztlich selbst leiden. Wer von seinem schwarzen Wolf beherrscht wird und unter starkem Stress steht, tut mitunter dumme und unmenschliche Dinge. Und doch sollten wir darauf nicht unüberlegt reagieren: Buddha zufolge führt allein liebevolle Güte, sowohl in der Welt als auch in unserem eigenen Herzen, zu vollkommenem Frieden.

Wie aber können wir die Blume der Güte in unserem Herzen zum Erblühen bringen? Das klappt nur mithilfe der Achtsamkeit. Zuneigung entsteht als natürliche Folge achtsamen Handelns ganz von alleine. Allerdings muss die Achtsamkeit bewusst gelenkt werden, und zwar in diesem Fall auf den Menschen, der dir jeweils begegnet, ob das nun dein Partner, eine Kollegin oder auch nur der Postbote oder die Wurstverkäuferin ist. Meister Eckhart schrieb dazu: »Immer ist der wichtigste Mensch derjenige, der dir gerade gegenübersteht; immer ist die wichtigste Tat die Liebe.« Ganz zu Recht bezeichnete Meister Eckhart dabei die Liebe als »Tat«, denn ein mitfühlendes Herz ist keine Selbstverständlichkeit und entsteht nicht aus dem Nichts. Liebe ist eine Entscheidung! Wir müssen etwas dafür »tun« – und zwar ganz einfach, indem wir dem anderen unsere ungeteilte Aufmerksamkeit schenken: Schaue genau hin, höre genau auf das, was der andere sagt, wende dich ihm zu, und tue all das mit einem liebenden Auge, Ohr und Herzen. Statt den anderen zu bewerten oder zu verurteilen, besteht die »Übung« darin, ihn oder sie so sein zu lassen, wie er oder sie ist. Darüber hinaus kannst du versuchen, dir einmal vorzustellen, wie dein Gegenüber wohl als kleines Kind war; dieses einfache Experiment ermöglicht es einem oft, auf einer tieferen Ebene mit dem anderen in Kontakt zu kommen und auch das zu sehen, was sich jenseits der äußeren Erscheinung verbirgt.

Metta-Meditation über die liebende Güte

Manche Menschen haben viel Mitgefühl, anderen ist scheinbar einzig ihr eigenes Wohlergehen wichtig. Doch jeder von uns kann die Kraft seines Mitgefühls stärken, und das empfiehlt sich sogar für jene, die »nur an sich denken«. Studien zeigen nämlich, dass du durch mehr Mitgefühl mit anderen letztlich vor allem dir selbst einen großen Gefallen tust.

Die Metta- oder Herzmeditation hilft auf sehr konkrete Weise dabei, ein »großes Herz« zu entwickeln. *Metta* ist der Pali-Begriff für die liebende Güte. In der Metta-Meditation werden innerlich kurze, kraftvolle Sätze wiederholt, die Wohlwollen zum Ausdruck bringen und dich von negativem Denken befreien. Die Meditation ist einfach: Am besten nimmst du dir dafür regelmäßig etwa 15 Minuten Zeit:

- Sitze bequem und aufrecht, schließe die Augen und lass deinen Atem langsam ruhig werden.
- Richte deine Achtsamkeit nun auf dich selbst. Lasse ein Bild von dir vor deinem inneren Auge entstehen. Sprich innerlich mehrmals langsam die Sätze »Möge ich glücklich sein. Möge ich frei von Leiden sein. Möge ich friedvoll sein.«
- Richte deine Achtsamkeit dann auf deine Familie – deine Eltern, deinen Partner, deine Kinder oder Geschwister. Stelle dir diese Personen abwechselnd vor deinem inneren Auge vor und wiederhole innerlich einige Male langsam die Sätze »Möget ihr glücklich sein. Möget ihr frei von Leiden sein. Möget ihr friedvoll sein.«
- Lenke deine Aufmerksamkeit jetzt auf deine Freunde – entweder auf einen speziellen oder auf mehrere. Visualisiere ihn oder sie und sprich innerlich mehrmals langsam die Sätze »Mögest du (Möget ihr) glücklich sein. Mögest du (Möget ihr) frei von Leiden sein. Mögest du (Möget ihr) friedvoll sein.«
- Erweitere das Strahlen deiner Güte nun, indem du an Menschen denkst, die dir nicht besonders nahestehen, die du aber ab und zu triffst, beispielsweise Bekannte, entfernte Verwandte, vielleicht auch Kollegen – die »Menschen des täglichen Lebens« eben. Denke an diese Menschen, indem du sie dir vor dein inneres Auge holst. Wiederhole dann innerlich einige Male langsam die Sätze »Möget ihr glücklich sein. Möget ihr frei von Leiden sein. Möget ihr friedvoll sein.«
- Jetzt wird es etwas schwieriger. Versuche, deine Achtsamkeit auf Menschen auszuweiten, die dir Schwierigkeiten bereiten, die du nicht magst oder sogar als Feinde ansiehst. Stelle dir auch diese Person(en) innerlich vor und wiederhole die Sätze: »Mögest du (Möget ihr) glücklich sein. Mögest du (Möget ihr) frei von Leiden sein. Mögest du (Möget ihr) friedvoll sein.«
- Lasse deinen Atem noch einige Male bewusst sanft ein- und ausströmen und entspanne deinen Körper. Denke abschließend die Sätze:

»Mögen alle Wesen glücklich sein. Mögen alle Wesen frei von Leiden sein. Mögen alle Wesen friedvoll sein.«

- Bleibe noch kurz sitzen. Versuche, die Verbindung mit der Kraft deines Herzens zu spüren und entspanne dich so gut wie möglich. Um die Meditation zu beenden, atmest du tief durch und öffnest wieder die Augen.

Vergiss die Quelle nicht – dich selbst!

Bei allem Bemühen, den weißen Wolf in dir zu füttern, solltest du nicht vergessen, um wen es hier letztendlich geht: um dich selbst!

Wenn du dich selbst nicht magst, kannst du unmöglich heiter, entspannt oder gelassen sein. Ein Mangel an Mitgefühl sich selbst gegenüber wird immer wieder dazu führen, dass man negativen Gedanken und Glaubenssätzen zum Opfer fällt. Daher ist es sehr wichtig, Freundschaft mit sich selbst zu schließen. Das Einzige, was dir dauerhaftes Glück schenken kann, ist Selbstmitgefühl. Anderen Menschen gegenüber achtsam und nachsichtig zu sein, ist eine wunderbare Sache – aber natürlich musst du zunächst einmal dir selbst gegenüber achtsam und nachsichtig sein. Höre daher so schnell wie möglich damit auf, an dir herumzunörgeln, dich infrage zu stellen und dich für jeden kleinen Fehltritt zu verurteilen, das hast du einfach nicht verdient! Selbstmitgefühl setzt voraus,

- dass dir bewusst wird, dass du, ebenso wie jeder andere Mensch, Fehler machen darfst und nicht perfekt sein musst;
- dass du dir die Erlaubnis gibst, dich so zu mögen, wie du nun einmal bist. Nur so wirst du innere Ruhe und Gelassenheit ent-

wickeln und kannst beginnen, Verantwortung für deinen eigenen Weg zu übernehmen;
- dass du lernst, deine Bedürfnisse zu erkennen und gut für dich zu sorgen. Beobachte deine Gefühle im Alltag und frage dich: »Was schadet mir?« Und frage dich ebenso immer wieder einmal: »Was brauche ich?«, »Was täte mir jetzt gut?«;
- dass du dir selbst zuzuhören lernst. Wenn du gerade in einer schwierigen Situation steckst, dann höre dir selbst zu. Es ist okay, frustriert oder traurig zu sein. Du brauchst dir keine Tipps zu geben. Es genügt vollkommen, dir in Ruhe zuzuhören und die Probleme anzuschauen, statt sie zu verdrängen oder vor ihnen davonzulaufen.

Was immer du fühlst – du darfst es fühlen. Welche Fehler du auch machst – du darfst sie machen. Und wenn der schwarze Wolf auch durch deinen Geist zieht – er darf da sein. Schaue ihm gelassen zu, wie er kommt, wie er ein Weilchen oder vielleicht auch mal etwas länger bleibt, und wie er schließlich wieder verschwindet ... denn das wird er, wenn du ihn nicht fütterst.

Niemals wird es dir gelingen, den schwarzen Wolf in dir zu vertreiben, indem du versuchst, ihn davon zu überzeugen, sich selbst zu fressen. Du kannst ihn auch nicht durch zu viel Fressen platzen lassen, denn sein Magen und sein Appetit wachsen mit. Hass erzeugt nur weiteren Hass, Wut mehr Wut, Angst gebiert weitere Angst.

Daher solltest du eins unbedingt vermeiden: Wenn du dich ärgerst, dann ärgere dich nicht auch noch darüber, dass du dich ärgerst. Ob Wut, Hass, Neid, Trauer, Verzweiflung oder Habsucht – die einzige Möglichkeit, mit schwierigen Gefühlen umzugehen, besteht darin, sie zu akzeptieren. Wenn sie dich »besuchen«, dann behandele sie wie Gäste. Wenn sie sich danebenbenehmen, dann bleibe gleichmütig, gelassen und freundlich. Und wer weiß: Vielleicht werden sie eines Tages als Freunde zu dir zurückkehren – ganz so, wie in der folgenden Geschichte aus Japan über den Zen-Meister Kojun:

Der Räuber

(aus Japan)

Eines Tages drang ein Räuber in die Hütte des Zen-Meisters Shichiri Kojun ein: »Geld her oder ich werde dich töten!«, drohte er.

Kojun erwiderte ruhig: »Mein Geld ist dort drüben in der Schublade. Nimm es dir, aber vielleicht bist du so nett und lässt mir noch ein klein wenig übrig, da ich morgen etwas Reis einkaufen möchte.«

Der Räuber war zwar sehr erstaunt, nahm sich dann aber doch fast das ganze Geld.

Als er schon an der Tür war, sagte Kojun: »Wenn man etwas erhalten hat, sollte man sich auch dafür bedanken.« »Danke«, erwiderte der Dieb kopfschüttelnd und verschwand.

Wenig später wurde der Mann bei einem anderen Einbruch verhaftet, und er gestand, unter anderem auch den Zen-Meister bestohlen zu haben, der daraufhin zur Polizeiwache gerufen wurde.

»Er hat auch Euer Geld gestohlen, nicht wahr?«, fragte der Polizist.

»Oh nein, er hat mir nichts gestohlen. Ich gab ihm das Geld, und er bedankte sich dafür«, sagte Kojun.

Als der Mann seine wegen der anderen Vergehen gegen ihn verhängte Strafe verbüßt hatte, kam er zu Kojun und bat darum, sein Schüler werden zu dürfen.

Das wilde Schaf

(aus Norwegen)

Die Schafsherde lebte lange Zeit in Frieden und Wohlstand. Das Gras auf den Weiden war saftig und allen ging es gut. Der Anführer der Herde war, wie es ja oft der Fall ist, ein alter Schafskopf. Er liebte es, große Reden zu schwingen und Befehle zu erteilen. Die anderen Schafe hörten gelangweilt zu, oder auch nicht, und seine Anordnungen, die ohnehin keine wirklich wichtigen Dinge betrafen, wurden nur dann und wann, meist aber gar nicht befolgt.

Es war eine glückliche Herde, in der das kleine Schaf Finn aufwuchs. Niemand hätte vermutet, dass Finn ein kleiner Rebell war, denn es gab nichts, gegen das er hätte rebellieren können. Dem alten Schafskopf folgte ohnehin niemand wirklich. Nur dann und wann, wenn Finn von der großen, weiten Welt sprach oder von den Schafen, die als Wolken über den Himmel zogen, schüttelten ein paar Alte ihre Köpfe – und fraßen weiter.

So hätte alles gut und gern weiter seinen gewohnten Gang gehen mögen. Doch dann kam der Tag, oder besser gesagt die Nacht, in der sich alles änderte. Der Wolf war ins Tal gekommen. Und es kam, wie es oft kommt, wenn ein Wolf Schafen begegnet: Im Dunkel der Nacht holte er sich eines der Schafe der Herde. Die anderen hatten zwar einen Schrei gehört, sich jedoch nichts weiter dabei gedacht, denn dergleichen war seit Schafsgedenken nicht geschehen. Am Morgen fanden sie eine Pfütze aus Blut, und Kaspar, Finns Onkel, war verschwunden. Die Schafe wussten nicht, was sie davon halten sollten. Nur das älteste

Schaf sprach: »Der Wolf hat ihn geholt.« Niemand hörte dem Alten zu. Doch als in der nächsten Nacht und in der übernächsten wieder jeweils eines der Mitglieder der Herde beinahe spurlos verschwand, wurde die Herde unruhig.

Der Anführer, der alte Schafskopf Jonar, hieß die Herde, sich zu versammeln und ausnahmsweise gehorchten alle.

»Es ist etwas geschehen«, sagte Jonar mit bedeutungsschwerer Stimme. »Die alte Kaja hat von einem Wolf gesprochen. Doch in Wahrheit wissen wir es nicht. Wichtig ist nun, dass wir besonnen reagieren.«

Die Schafe nickten, auch wenn sie keine Ahnung hatten, wie sie das denn anstellen sollten, besonnen zu reagieren. Als jedoch in der folgenden Nacht wieder ein Schaf fehlte, machte sich Panik in der Herde breit.

»Heute Nacht stellen wir Wachen auf«, verkündete Jonar. »Freiwillige vor.«

Die Schafe betrachteten das Gras, schauten in die Wolken, blickten verschämt auf ihre Hufe und traten einen Schritt zurück. Da rief der alte Schafskopf mit erstaunlich kraftvoller Stimme die Namen der drei stärksten Schafe der Herde und bestimmte, dass sie die Freiwilligen wären.

In der folgenden Nacht fehlte einer der drei; und die beiden anderen Wachen berichteten von einem riesigen schwarzen Ungeheuer, dass dem armen Lönne an die Kehle gesprungen sei. Mehr konnten sie nicht sagen, denn dann waren sie fortgelaufen.

»Nun, wir können euch keinen Vorwurf machen«, sagte der alte Jonar. »Wenn es wirklich der Wolf ist, können wir wohl nichts tun.«

Da trat der kleine Finn vor. »Aber wir können uns doch nicht einfach umbringen lassen!«, rief er.

Die Herde sah ihn an. Manche lachten, andere schimpften.

»Jungchen, wie stellst du dir das denn vor? Wer von uns kann es denn schon mit einem Wolf aufnehmen?«, sagte Jonar spöttisch.

»Keiner von uns«, sagte Finn. »Aber wir alle zusammen!«

Die meisten hatten sich schon abgewandt. Doch ein paar Schafe waren geblieben, um Finn zuzuhören.

»Auch wenn der Wolf groß und stark ist«, erklärte er, »so kann er doch nicht stärker sein als zehn von uns. Lasst uns heute Nacht wach bleiben, und sobald der Wolf sich einen von uns packen will, stürzen wir uns alle gemeinsam auf ihn, stoßen ihn mit unseren Köpfen und treten ihn mit unseren Hufen. Wenn wir alle zusammenstehen, werden wir den Wolf sicher besiegen!«

Schließlich stimmten etwa zehn Schafe, darunter die mutigsten und kräftigsten, Finn zu. Die Nacht brach an, doch kein Schaf fand Schlaf; auch die nicht, die Finn ausgelacht hatten.

Kurz vor dem Morgengrauen kam der Wolf – und gerade als er sich einem Schaf näherte, rannten vier kräftige Schafsböcke auf ihn zu, senkten ihre Köpfe und rammten den Wolf, dass seine Rippen nur so krachten. Dann kamen die anderen, erst die anderen sechs, die Finn gefolgt waren – und schließlich die ganze Herde. Am nächsten Morgen war wieder Blut auf der Weide. Doch kein Schaf fehlte. Nur ein Wolf.

Gemeinsam stark sein

Ein einzelnes Schaf kann es unmöglich mit einem hungrigen Wolf aufnehmen. Aber für eine ganze Herde, die zusammenhält, wäre es theoretisch leicht, ihn zu vertreiben. Was Schafen natürlich nur in der Geschichte gelingt, können Menschen im echten Leben problemlos erreichen. Vielleicht hast du auch schon einmal in den Nachrichten gelesen, dass jemand mitten in der Stadt überfallen oder in der U-Bahn angegriffen wurde und obwohl viele andere anwesend waren, hat keiner eingegriffen. Dafür gibt es verschiedene mögliche Gründe: Die Leute haben Angst oder sie wissen nicht, was sie konkret tun können. Und natürlich ist es in solchen Augenblicken nie ratsam, den Helden zu spielen. Viel besser ist es, auf die Kraft der Gemeinschaft zu setzen.

Du kannst in einem solchen Fall den ersten Schritt machen, indem du die Leute um dich herum laut und deutlich ansprichst und dich dabei ganz konkret an einzelne Menschen richtest. Natürlich braucht es dazu ein bisschen Mut, aber du kannst sicher sein, dass auch deine Mitmenschen einen weißen Wolf in ihrem Herzen tragen, der nur darauf wartet, aufgeweckt zu werden. Wann immer du es mit Ungerechtigkeit, Gewalt oder Unterdrückung zu tun hast, wirst du als Einzelkämpfer nicht viel bewirken. Die sehr viel bessere Strategie besteht dann darin, nach Gleichgesinnten und Verbündeten zu suchen und gemeinsam tätig zu werden.

Im Rudel weißer Wölfe

Du bist nicht allein. Auch nicht, was die Suche nach dem weißen Wolf betrifft. Gerade heute, in einer Zeit zahlreicher Bedrohungen und Krisen, sehnen sich sehr viele Menschen in ihrem tiefsten Inneren nach Frieden, Glück und nicht zuletzt auch nach mehr Mitgefühl und Verbundenheit.

So wichtig es ist, dir deines Potenzials bewusst zu werden und positive Kräfte in deinem Geist und deinem Herzen zu kultivieren, so wichtig ist es auch, gemeinsam mit anderen auf die Reise zu gehen. Was dem Einzelnen unmöglich erscheint, fällt in der Gemeinschaft viel leichter. Ob in Lebensgemeinschaften, Sanghas, christlichen oder alternativen Gemeindeformen oder ehrenamtlichen Organisationen, die sich für Umweltschutz oder soziale Gerechtigkeit einsetzen – in einem großen Rudel weißer Wölfe zu handeln ist für jeden Teil der Gruppe sehr bereichernd und hat zudem starke Auswirkungen auf das Außen.

Bei der Suche nach dem »richtigen Rudel« solltest du allerdings wählerisch sein! Mit anderen Menschen verbunden zu sein und gemeinsam für eine Sache zu kämpfen erzeugt immer positive Gefühle! Leider kann das auch der schwarze Wolf nutzen. Auch dann, wenn sich Menschen in einer Gemeinschaft, die auf Hass, Gewalt und Angst gründet, zusammenfinden, können sie das angenehme Gefühl der Gemeinschaft spüren. Schnell geht dabei der klare, kritische Blick verloren, und ehe man sich's versieht, füttert man so neben dem eigenen auch noch den schwarzen Wolf der anderen. Diktatoren, Populisten, Verschwörungsgruppen und kriminelle Banden wissen die Anziehungskraft des Gemeinschaftsgefühls, das aus Zusammenhalt erwächst, für sich zu nutzen. Und immer wieder entsteht dadurch großes Leid. Bevor du dich also einer Gemeinschaft anschließt, solltest du lieber ganz genau hinsehen: Lebt die Gruppe Werte wie Achtsamkeit, Freude, Mitgefühl und Offenheit? Oder lässt sie sich von Hass, Ängsten und Eigennutz leiten?

Ob Pandemien, Kriege oder der Klimawandel – die Krisen, mit denen wir es heute zu tun haben, tragen die große Chance in sich, Verbundenheit zu fördern und gemeinsam zu »erwachen«. Statt in Depressionen zu verfallen oder sich von Wut und Hass lenken zu lassen, haben wir jetzt die Chance, unsere Sichtweise radikal zu verändern. Wir können die Möglichkeit ergreifen, gemeinsam mit anderen einen Weg zu beschreiten, der zu Glück und Erfüllung, zu einer gesünderen Natur und eines Tages vielleicht sogar zu einer Welt ohne Kriege führen wird.

Den weißen Wolf zu stärken, das heißt nicht nur, sich um das eigene Glück und Wohlbefinden zu kümmern. Es bedeutet auch,

Teil eines globalen Bewusstseinswandels zu sein und dazu beizutragen, dass Achtsamkeit und Mitgefühl unser aller Zukunft bestimmen. Dazu musst du nicht gleich versuchen, »die Welt zu retten.« Es gibt viele einfache Möglichkeiten, dich mit anderen zu verbinden. Tritt Gruppen bei, deren Ziele dich ansprechen. Suche nach Gleichgesinnten. Lächle öfter einmal fremde Menschen an, die dir entgegenkommen, verbringe mehr Zeit mit deinen Freunden und umgib dich mit Menschen, »die guten Willens sind«. Du musst sicher nicht lange suchen – oft warten sie schon hinter der nächsten Ecke ...

Quellen

Pater Adalbert Ludwig Balling, *Die Schönheit ist ein Licht im Herzen*, Leipzig 2014

Die Bhagavad Gita, hrsg. von Eknath Easwaran, München 2012

Wilhelm Busch, *Und die Moral von der Geschicht*, München 1986

Gautama Buddha, *Dhammapada, Der Pfad der Lehre*, Hamburg 2011

Mihály Csíkszentmihályi: *Flow – der Weg zum Glück. Der Entdecker des Flow-Prinzips erklärt seine Lebensphilosophie*, Freiburg im Breisgau / Basel / Wien 2010

Arthur Conan Doyle, *Sherlock Holmes und Doktor Watson – Sämtliche Romane und die Detektiverzählungen. Gesammelte Werke*, Neu-Isenburg 2015

Erich Fromm: *Haben oder Sein. Die seelischen Grundlagen einer neuen Gesellschaft*, Stuttgart 1976

Johann Wolfgang von Goethe, *Gedichte. Ausgabe letzter Hand, Zahme Xenien 2*, Berlin 1827

Johann Wolfgang von Goethe, *Faust. Eine Tragödie*, Berlin 1927

Jack Kornfield: *Die Lehren des Buddha. Ein Brevier buddhistischer Weisheit*, München 1996 (Zitat Seite 63 nach Seite 20 dieser Ausgabe)

Laozi: *Daodejing. Das Buch vom Weg und von der Tugend*, Ditzingen 1961

Roland Leonhard, *Lebensweisheiten berühmter Dichter und Denker*, Hannover 2011

Aljoscha Long/Ronald Schweppe, *Bao, der weise Panda und das Geheimnis der Gelassenheit*, München 2015

Blaise Pascal, *Gedanken über die Religion und einige andere Gegenstände*, Berlin 1840

Meister Eckharts *Traktate*. Hrsg. von Josef Quint, Stuttgart 1963

Fritz Schäfer: *Udana – Verse zum Aufatmen. Und andere Strophen des Buddha und seiner erlösten Nachfolger*, Herrnschrot-Stammbach 2004

Seneca, *Von der Kürze des Lebens*, München 1995

Über die Autoren

Ronald Schweppe und Aljoscha Long vermitteln ganzheitliche Lebenskunst auf leicht verständliche Weise. Ihre Schwerpunkte sind die Themen Achtsamkeit, Lebenszufriedenheit und Gelassenheit. Moderne Psychologie, zeitgemäße Philosophie und östliche Spiritualität fließen in ihren Werken harmonisch zusammen. Ronald Schweppe ist Orchestermusiker und Meditationslehrer, Aljoscha Long Psychologe, Komponist und Taiji-Lehrer. Die Bestsellerautoren sind durch zahlreiche Veröffentlichungen sowie durch Auftritte in Funk und Fernsehen bekannt.

Weitere Informationen unter:
http://www.longschweppe.de/de
http://www.instagram.com/longschweppe/

Außerdem im Kösel und Diederichs Verlag erschienen

Füttere den weißen Wolf
Nähre das Gute in dir. 52 Impulskarten

Das Licht des Himmels in dir
Märchen und Meditationen über den Sinn des Lebens

seelenverwandt
Weisheitsgeschichten und Meditationen über die Kraft der Freundschaft

Die Kunst, einen Elefanten zu reiten
Kaffeehausgespräche über das Glück und das Leben

Der Kaufmann und der Rinpoche
Leben, Sterben und Dazwischen. Roman